CARE
01

CARE

01

CARE
01

CARE
01

正念教養培育好人

一堂不必生氣、走出困局的親子必修課

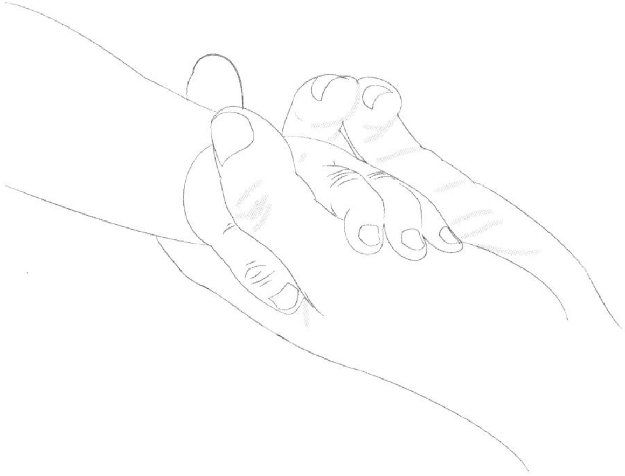

杭特・克拉克－菲爾茲
（Hunter Clarke-Fields, MSAE）
——著

蔡孟璇
——譯

CARE 01

正念教養培育好人

一堂不必生氣、走出困局的親子必修課

原著書名　Raising Good Humans: A Mindful Guide to Breaking the Cycle of Reactive Parenting and Raising Kind, Confident Kids
原書作者　杭特・克拉克－菲爾茲（Hunter Clarke-Fields, MSAE）
譯　　者　蔡孟璇
封面設計　林淑慧
主　　編　劉信宏
總 編 輯　林許文二

出　　版　柿子文化事業有限公司
地　　址　11677 臺北市羅斯福路五段 158 號 2 樓
業務專線　（02）89314903#15
讀者專線　（02）89314903#9
傳　　真　（02）29319207
郵撥帳號　19822651 柿子文化事業有限公司
投稿信箱　editor@persimmonbooks.com.tw
服務信箱　service@persimmonbooks.com.tw

業務行政　鄭淑娟、陳顯中

初版一刷　2023 年 8 月
定　　價　新臺幣 420 元
I S B N　978-626-7198-65-0

歡迎走進柿子文化網 https://persimmonbooks.com.tw
～柿子在秋天火紅 文化在書中成熟～

國家圖書館出版品預行編目 (CIP) 資料

正念教養培育好人：一堂不必生氣、走出困局的親子必修課
杭特・克拉克－菲爾茲（Hunter Clarke-Fields, MSAE）著 ; 蔡孟璇譯 .
-- 一版 . -- 臺北市 : 柿子 文化 , 2023.08
面；　公分 . -- (CARE ; 01)
譯自 : Raising Good Humans: A Mindful Guide to Breaking the Cycle of Reactive Parenting and Raising Kind, Confident Kids
ISBN 978-626-7198-65-0 (平裝)
1.CST: 家庭教育 2.CST: 育兒

528.2　　112010475

國內名人的慈心推薦

前陣子，會考放榜，得知我的九年級青少年姪子的會考成績不如預期，因此他無法到喜歡的學校唸書，當下我的頭腦浮現：「那麼他可以到哪裡唸書呢？那間學校會不會讓他不想學習呢？」我的頭腦一個念頭接著一個念頭，陷入了負面想法的迴圈：「我為他做的事夠嗎？」、「當初他一個星期補習五天，我為什麼沒阻止？」、「是不是他補習補太多了？」、「是不是我沒有為他補習，所以他考差了？」……

當時，我正在閱讀本書的第二章「解除你的引爆點」，書中提到「了解自己的舊傷口，那些沒有被解決的傷口會進入我們與孩子的關係」。是的，在我自己求學的旅程中，我的父母很少介入與關心，這讓我有心理上的缺憾，我很希望自己的求學生涯被關心，而我把這個需求投射到我的青少年姪子身上，所以我面對姪子的求學，就一直覺得自己做得不夠（即使我是唯一的姑姑，為他補習一年，一週一次，風雨無阻）。

當我去正視自己的缺憾，當我願意看見自己缺憾，我感覺自己對於姪子的成績，變得沒那麼擔心了。並且書中提到「父母看到孩子的問題，容易勾起自己的恐懼，父母可能會害怕孩子永遠這樣」，這個內容提醒了我，我把孩子的一時成績當成了「永遠」。

我很喜歡這本書的內容編排，把父母最大困境的「情緒反應循環」放在第一單元，讓閱讀這本書的每個父母知道，大吼大叫、爆雷是會有的事情（每個父母都是第一次當爸爸媽媽，我們都會有情緒失控的時候），而且完美父母不存在。第二單元，才說明如何教養出和善自信的孩子。這讓我了解，教養的根本是在認識自己。

這本書幫我再次溫習了正念減壓 MBSR 的重點，書中把當代正念經典練習：吃葡萄乾、正念靜坐、慈心祝福、如實如是觀察等運用在教養中。並且，每個章名頁中的「大手牽小手」（或小手牽大手）的圖片，溫暖顯示了我們與孩子的教養關係，正是一種互動與平等的關係。

這本書適合一般大眾、父母親職角色來閱讀，我們可以透過本書來療癒小時候的自己，認識自己，療癒自己，陪伴孩子！

——李怡如 Sangeeta／正念減壓 MBSR 與正念瑜珈老師，桑吉塔正念瑜珈與靜心空間創辦人

做對選擇比努力更重要，不少父母都非常「努力」想教好孩子，讓他們出人頭地，成為社會上有用的人。

但不知為何，總是在怒氣挫折中百思不得其解。究竟孩子該怎麼教？到底孩子為什麼總是頂嘴？又，孩子已經網路成癮了，該怎麼辦啊？

「做對選擇」就有機會改變親子關係。本書作者杭特．克拉克－菲爾茲學有專精，將感人實例和實用演練提供給所有的父母們。

我們只要按照這些練習題一點一滴地去修正過往不當的教養方式，就能「做對選擇、用對方法」，來改善親子關係。

一切都來得及！我們大人先修正，孩子就跟著調整了。

——吳娟瑜／國際演說家暨親子教育專家

教養不是數學題，沒有標準答案！本書的英文原名為 Raising Good Humans，其實正是在提醒讀者：教養，不求正確與否。

我們只求在養育孩子的路上，能帶出「良善人格的孩子」，培育他們以全人格之姿邁向社會，那便是恰恰好的教養法則。全人格的教養，也是父母在陪伴孩子的路上，對自我整體的「全人照顧」，平衡大腦、身體與情緒三方。爸媽把自己照顧好了，自然能帶出穩定人格的孩子。

十分推薦這本書，它提醒了父母們在教養上的不二法則：自己穩了，自然能教養孩子成為良善之人（good humans）。

——李家雯（海蒂）／諮商心理師、《教養是合作》作者、兩個孩子的媽

這是一本非常有意思的書，不論你的孩子現在幾歲，都可以從這本書中獲得一些啟發。

教育孩子的過程中，最吸引父母注意的，總是孩子各種可見的「行為」，但這本書不從行為面討論，反而花了很大篇幅在處理「情緒」，包括孩子的情緒與爸媽自己的情緒。很多爸媽知道有情緒這件事情，卻不知道該如何去面對、承接、處理情緒問題，尤其是在衝突之中。

直視教養過程中的強烈負面情緒，是本書的一大特色，包括看到並記錄情緒的引爆點、回溯自己在成長過程中的情緒慣性、如何面對難受的情緒等等。

在面對情緒時，書中透過慈心練習與自我疼惜練習，給父母一些支持性的話語和概念，在教養的挫折與自責中，適時給自己合宜的救生圈，不再因為一、兩個不好而淪陷為全面的失敗。

書中也透過正念的練習，教為人父母者漸漸更加看清楚自己與對方、看清楚當下與脈絡。對於自己所說的話、所採取的行動都有覺察，減少被慣性支配的次數；進而提升覺察力與自我穩定力，學習比較有效能的溝通方式（例如：我訊息、反映式互動），如此一來，即便在溝通困難時，都可以有比較好的互動品質。

書中還提供好多方法可以嘗試，也提供一些成功的案例。不過，教養書最大的麻煩就是，書都說有效，但怎麼我自己用就破功？

這就需要回到教養的核心問題：你想要什麼？你希望教養出什麼樣的孩子？你自己有先活出這個樣子嗎？

書中不斷告訴我們「你練習什麼，什麼就會變得強大」。換言之，父母必須自己先活出希望小孩擁有的樣子，而這是可以練習的，這其中包括：如何面對情緒、如何照顧好自己、如何滿足自己的需求等。

教養的問題總是千頭萬緒，如果父母能勇敢看到纏繞的線頭是在自己身上，而不在孩子身上，會少走很多荊棘暗路。

這是一本強調實踐的書，如果你快速瀏覽過，記得回頭親自嘗試書中的方法，但別衝快，真正的學習都需要時間消化與內化。這個年代的教養，非常、非常不容易，當爸或媽的你，要常常為自己或彼此加油打氣喔！

——胡君梅／華人正念減壓中心創辦人

此書提供了教養孩子不可或缺的觀念、訓練與實用技能，值得每一位面對教養工作的父母仔細閱讀，對於正念學習者而言，此書也是了解如何將正念融入教養工作不可或缺的好書。

教養孩子的工作本就是一趟自我修行的旅程。而最重要的事，便是記得「最重要的事」——作者一開始便指出養育小孩最重要、卻也最常被遺忘的核心觀念：父母想要孩子成為什麼樣子，自己在生活中，尤其在面對小孩時，就應該是那個樣子。以身作則的身教，是所有教育中最核心的事。

此書引起我共鳴的地方非常多。以下為讀者簡介書中提到的八項核心教養技能。

第一章，正念練習。父母透過正念練習，讓自己處於當下、保持平靜，帶著好奇的心與孩子完全在一起，並減少壓力反應。如果缺少正念這項「父母的超能力」，其他的技巧與策略都將因為缺乏基礎而無法發揮作用。

第二章，解除引爆點。父母需要觀察、了解自己常在什麼情境被點燃爆炸的情緒，並利用暫時離開、呼吸法、自編咒語等技巧，解除引爆的危機。

第三章，自我疼惜。儘管很努力，父母仍會犯錯，這時候，自我苛責並無益處。父母需要學習善待自己，了解不完美是人類的共同點，培養對自己和他人的慈心、耐心和同理心。

第四章，處理難受情緒。父母需了解壓抑或放任情緒非長久之計，可以學習 TIPI、RAIN 等處理難受情緒的技巧。

第五章，傾聽才能協助並療癒孩子。父母需要學習避免責罵等阻礙溝通的語言，學習反映式傾聽，讓孩子感到被看見、被聽到、被重視。

第六章，說正確的話。作者教導「我訊息」的意圖和說話方式：不評判地說出孩子的行為對父母的影響，以及父母內在的需求。另外，「朋友濾網」和以好玩的方式設下規矩，都是與小孩溝通的實用技巧。

第七章，解決衝突。這章教導父母避免傳統的教養方式：處罰或放任。透過「雙贏的問題解決之道」來處理親子衝突。

第八章，守護祥和的家。指出正念教養的核心是建立充滿連結、愛意的關係。作者提供了建立連結感的方法：包括肢體接觸、一同玩樂、一起做家事、言語鼓勵等。在建立關係後，便能更有效率地教導孩子去學習負責與獨立的能力。

我相信，習得這八項技能的父母，必然會成為一個「夠好的」父母！

——溫宗堃／臺灣正念發展協會榮譽理事長

【具名推薦】

黃之盈／心理諮商師

魏瑋志（澤爸）／親職教育講師

國外各界讚譽

本書為正念教養的主題帶來散發智慧與清新的風貌。作者杭特・克拉克－菲爾茲汲取自身教養經驗裡的挑戰與難題，概述如何跳脫「不夠好」這個老套的故事所需要的關鍵技巧，藉此建立一個更有愛心、相互合作的和諧家庭關係。

——塔拉・布萊克（Tara Brach, PhD），著有《全然接受這樣的我》

若父母想為孩子灌輸自信、心理健康與獨立概念，並建立一個穩固持久的親子關係，這正是你需要的指南書。本書作者幫助許多家庭處理各種問題，她的文字間洋溢著疼惜心，論述清晰、句句箴言，囊括了豐富精彩的洞見、策略與練習，幫助讀者成為更能夠保持正念的父母。杭特・卡拉克－菲爾茲是極具說服力的倡導者，主張讓靜心在父母與孩子的生活中發揮強大的力量。只要你願意擁抱這趟旅程，這本書能讓你的生活變得更美好。這是我讀過最棒的教養書之一！

——凱瑟琳・雷諾・李維斯（Katherine Reynolds Lewis），著有《壞行為的好消息》

本書是一份坦率又充滿愛的地圖，教導父母如何巧妙地度過充滿挑戰的時刻，同時深化自己與孩子之間共享的喜悅、連結與愛。

——蕭納．莎碧洛（Shauna Shapiro, PhD），聖塔克萊拉大學（Santa Clara University）心理系教授，著有《早安，我愛你》

杭特．克拉克－菲爾茲真的明白，若要養育出心目中的孩子，父母必須成為自己心目中的人，但這兩個目標是一段旅程，而非只是目的地。這部精彩的作品能協助你面對這趟旅程。

——KJ．戴爾安東尼亞（KJ Dell'Antonia），著有《如何做個更快樂的父母》，曾任《紐約時報》Motherlode 部落格編輯

讀過杭特．克拉克－菲爾茲這本精彩的新書之後，我發現自己對未來充滿了希望，甚至高興得不得了。年輕父母是這個地球上最重要的領袖，這部指南能啟發並指導他們，讓他們不只是教養孩子，更能夠領導孩子成為善良的成年人。

——哈爾．蘭科（Hal Runkel），《紐約時報》暢銷書《不吼叫的教養》作者

這是一本清楚又直接的教養指南書，能讓你的親子關係從此蛻變。書中包括感人的故事與各種實用練習，並指出健康的教養方式源自於父母的自我覺察，以及具體表達出父母對孩子最深冀

盼的能力。世上任何角落的父母，都能從杭特．克拉克－菲爾茲的智慧、幽默與實用指引上受惠良多，藉由它們度過教養孩子長大成人之過程中的風風雨雨。

——歐倫．傑．蘇佛（Oren Jay Sofer），著有《說出真心話》

在本書裡，杭特．克拉克－菲爾茲與讀者分享她的智慧與切身經驗，幫助父母創造出祥和的家庭生活。讀者能在書中找到豐富的資訊與練習，以此增進自己駕馭這趟教養孩子的雲霄飛車之旅的功力，同時讓自己保有平靜、平衡的情緒。

——喬安娜．費伯（Joanna Faber）與朱莉．金恩（Julie King），《如何讓小小孩聽你說話》及其附屬應用程式 Pocket Parent 作者

一個人所能承擔的最艱難工作之一，就是孕育並教養孩子。在本書裡，杭特．克拉克－菲爾茲教導並提醒我們，孩子需要的不僅僅是食物、衣服和住所。她告訴我們，孩子需要哪些「更多」東西，以及如何給予他們這些東西。謝謝你，杭特。

——伊洋拉．凡贊特（Iyanla Vanzant），Iyanla: Fix My Life (OWN) 節目主持人

目次

前言

我的教養經驗在頭幾年裡可說是一團混亂。我累壞了，脾氣暴躁，而且深深感到茫然與困惑。沒錯，我和女兒也擁有一些甜蜜時光，但我也很容易對她們發脾氣，而且頻率很高。有些母親被認定為「依附型父母」或是「虎媽」，但我的教養風格顯然屬於「難以預測」或「毫無幫助」型。

最後，我發現自己置身於杭特．克拉克－菲爾茲在本書前面部分所描述的旅途上。我用盡全力吸收每一種找得到的教養建議，也讀了很多書、參加網路研討會或實體高峰會，還制定了連高級活動規劃師都感到汗顏的教養計畫，我決心要改變。

但我一點都沒變。

當時的我並不了解，自己不需要更多資訊，我需要的是洞見，以及根據那些洞見所制定的策略；我需要的是了解自己為何會發脾氣、如何讓自己保持冷靜，以便能夠好好地運用我所獲得的那些建議。

最後，我終於來到了正念的課堂上。

可別會錯意，我當時抱持著強烈懷疑的態度，認為正念只是一時的流行風潮，它就像我大學時公開嘲笑的「鼓圈」（drum circles，譯註：眾人圍成圓圈，以各種打擊樂器敲出節奏和旋律，參加者不需要有任何音樂背景），這對我的教養挑戰而言根本不痛不癢。儘管心存懷疑，但由於我迫切渴望獲得改變和療癒，以及任何能幫助我在顛簸的教養過程中保持冷靜的方法，因此克服了心中的偏見，給它一次機會。

在接下來的幾個月、幾年的時間裡，我了解到正念與鼓圈、康普茶（kombuha，譯註：一種發酵飲品，曾風行歐美一段時間）或淨化頭腦這些事，一點關係也沒有。

它的**重點是「留意」，在任何特定時刻，都要留意內心和周遭發生的一切**。我學習到要對自己注意到的事產生好奇心，而非妄下評斷或因此嚇壞。或許最重要的是，我學會如何在最艱難的教養時刻，對自己抱持疼惜心，因為可以肯定的是，無論你多麼保持正念，總是會碰到艱難的教養時刻。

我的正念修習對我的教養經驗發揮了巨大的作用。我越是能靜心（meditation，又譯靜觀），就越不會做出情緒化反應；我越是能經常注意到自己快要對孩子發脾氣了，就越不會真的發脾氣。我不苛責自己的錯誤，只是提醒自己，教養對任何人來說都不是件容易的事，搞砸了沒有關係，我永遠可以重新開始。

在我學會如何讓自己冷靜下來之後，領悟到自己又面臨了一個全新的問題。當我不對孩子吼叫的時候，竟然不知道要對他們說什麼。我還是希望他們能停止哭鬧或打架或鬥嘴，但在我不必以自己的崩潰失控去壓制他們的崩潰失控後，卻發現自己詞窮了。我必須再次回到教養建議上，認真學習一種新的語言。

我多麼希望杭特能在十年前就寫出這本書，但重點是，她當時之所以還沒寫出這本書，是因為她還在教養旅程的半路上，那是一趟和我的類似但又獨一無二、專屬於她的旅程。所有的旅程不都是如此嗎？杭特自己在教養過程中，也經歷了各式各樣的喜悅與挑戰（甚至至今依然如此），而這也是本書的說服力如此強大的原因之一。

其他原因與杭特本人的特質及其信念有關，這些多半可以濃縮成我在書中看到的一句最喜歡的話裡：「你想要在個人成長上大躍進嗎？和學齡前兒童相處六個月，保證比你獨自隱居山頂數年更有效。」

千萬別會錯意，杭特對所有的教養工作都抱持著嚴肅的態度。在她的靜修營、線上訓練課程、私人指導課程與這本書裡，她從不諱言地鼓勵所有父母追求重要的個人成長。她告訴我們，**照顧自己不但是一件沒有選擇餘地的事，更是我們「身為父母的責任」**。她鼓勵我們靜心，處理自己的不安感受，並認真思考自己所選擇的教養方式（包括大吼大叫或逼迫孩子），可能在孩子行為上扮演的角色。

杭特並未讓我們浪費時間在一些模糊或籠統的建議上，這本書包含了特別設計的豐富問題，用來引導讀者得出自己的結論與洞見，也包括了一些具有實證效果的練習，例如正念與慈心的靜心修習、與負面思緒脫鉤、肯定自身經驗，以及特定的反映式傾聽練習等。感謝老天！所有這些練習好比雪中送炭，正是許多人需要的（例如我就需要）！

但是，採取行動的嚴肅呼籲，並非壓力罩頂的父母所需要的唯一一件事，我們也需要有人來提醒我們：雖然教養工作是嚴肅的，卻不需要將它看得太嚴重。我很感激杭特採用了輕鬆的口吻與疼惜的提醒，讓我們知道不需要一直這麼勞心勞力，也必須設法讓自己輕鬆一點，盡可能放鬆地進入當下的時刻。

關於這本書，若要一一列出我想要分享的洞見、建議與可能性，實在太長了，若要一一深入探討，可能等於重述整本書一遍。當你深入閱讀這本書時，我鼓勵你仔細思考杭特在〈導讀〉部分提出的這兩個鏗鏘有力的問題（它能改變情勢，真的）：

你想要孩子怎麼做？

你在自己的生活中是否實踐了這些事？

如果你對第二個問題的回答不是清楚而果斷的「是」，請別感到沮喪，你正處於一個正確的所在。無論你是正在忍受孩子發脾氣，還是在山頂上獨處，杭特都能給你一張需要的地圖。

——卡拉．儂柏格（Carla Naumburg, PhD），著有《如何不對孩子發飆》

導讀

當我們成為父母時，通常會將自己視為孩子的老師，但我們很快就會發現，孩子也是我們的老師。

——丹尼爾．席格（Daniel Siegel）與瑪麗．哈索爾（Mary Hartzel）

我身為母親的最偉大勝利，都是源自於失敗的那些時刻。請讓我來分享最重大的一場勝利：我坐在樓梯前的走廊上哭泣，不是那種溫吞的啜泣，而是淚如泉湧地嚎啕大哭，讓我的整張臉變得又紅又腫的哭法。更重要的是，我覺得自己的內在好像被狂揍了一頓。在我背後那道關上的門後方，我的兩歲女兒也在哭，因為我的憤怒嚇到了她。她的哭聲鑽進我心裡，又突然引發了另一波令我喘不過氣、涕淚縱橫的嗚咽。我在木地板上蜷縮成一團，將臉埋在手掌裡。

誰說過教養會是這樣的感受？沒人說過。它應該是充滿了柔焦畫面般的溫柔時刻，我滿懷愛意地望著我的孩子，不是嗎？我到底是哪裡不對勁啊？

我灰頭土臉的。但是經過一陣子之後，我對自己承認，教養這件事真的非常困難。我慢慢坐起來，發覺自己嚇到了我那無辜的幼兒。我的行為破壞了我們的關係。

責怪「她」，然後以此來帶過這件事，原本是比較輕鬆的做法，但我警覺地了解到自己可以選擇重新來過。

我擦乾眼淚，用袖子擦了擦紅腫不堪的臉，我覺得自己全身被榨乾了，整個人瑟瑟發抖。然後我深呼吸了幾口氣，起身打開房間的門，給她一些安慰。

就是在樓梯前走廊的那一天，我的旅程正式起航。

如果這只是我唯一一次徹底覺醒的光榮時刻，這個故事說起來就會簡單得多。我多麼希望自己在那天整理好心情、發誓再也不大吼大叫之後，從此就能當一個幸福快樂的母親，但真相是，在那之前，我失敗的次數已經多到數不清，而在那之後，我又搞砸了許多次。

當初我絕對不會相信，今天我和即將步入青春期的大女兒，關係空前地親密。雖然我難免會有感到挫折的時候，但極少會對她或小女兒吼叫。事實上，孩子們會主動合作，不需要我祭出任何威脅或懲罰（百分之九十八的情況是如此）。

怎麼會這樣？**一切都是因為我所認真運用的實用策略，是汲取自正念、疼惜的溝通與衝突解決技巧，這就是本書要談的內容**。在接下來的章節裡，你會學到如何從沮喪的父母變成和善又自信的父母：理智、冷靜又巧妙。我在本書收集的各種工具，已經協助過數百位為人父母者，讓他們與子女建立起內心渴望的和善與合作的親子關係。

我從那些挫折持續不斷的日子，踏上了史詩般的追尋過程，試圖了解自己和女兒。我讀了很多書，也試驗過各種不同的練習，參加訓練課程，獲得各種證照，全都是為了努力改變我的習性。我加倍努力練習自己研習多年的正念方法，將它融入我為人母的日常生活中。我不只學到如何不失去冷靜，也學到如何創造更穩固的親子關係。現在，我的孩子會合作是因為他們「選擇」如此，而不是因為我威脅他們。透過這本書，我希望能帶領你走一段捷徑，提供八個最重要的必學技巧，幫助你省下經年累月的研究、訓練與反覆試驗的時間與精力。

教養的真相

在大女兒瑪姬出生前，我對於如何教養小孩有很多看法，在我的想像中，孩子會迫不及待去做我要求他做的事，不會頂嘴。我會慈愛而堅定，我們會相處得很愉快。我的腦海裡還會浮現我們平靜而安詳地一起逛博物館的畫面（盡量笑吧）。

現實中的學步期幼兒真相，狠狠打了我一巴掌。我的孩子不但不聽我的話，還會積極抗拒我所說的每一件事，我們每天爭執不斷。我和天生冷靜的丈夫，開始將她視為一顆迷你的定時炸彈，任何事都能讓她大鬧脾氣，引爆一場（感覺像是）數小時的嘶吼尖叫。全職在家與她相處的我，變得非常神經質，覺得精疲力竭。我的孩子怎麼了？為何會這樣？沒過多久，我自己的鬧脾氣秀也開始上演了，真是一團糟啊！

如今回顧過去，看見照片裡的她那麼可愛，想起當初的情況如此棘手，真是覺得不可思議。

我們彼此分享了改變生命的美好喜悅，而且，她揭開了我過去所不知道的內在痛處。當時，我不知道自己正在複製父親的脾氣，延續著一個世代相傳的模式。

如果你暴躁易怒，充滿挫折、幻滅、罪惡的感受，如果你正在大吼大叫、搥胸頓足或痛哭流涕，相信我，你絕不孤單。我的女兒還小時，我也非常暴躁易怒，經常疲憊不堪，對自己的憤怒覺得羞愧，還感到滿滿的罪惡感。

坐在走廊前地板上的那一天，我有兩個選擇：一是感到羞恥，責怪自己，陷入絕望深淵；或者，我可以接受剛才發生的一切，從中學習。**因此，我接受了自己的憤怒，讓它做我的老師，探討自己「為何」會被引爆**。我領悟到，若要盡力做好教養工作，就必須更冷靜，減少情緒化反應，而且必須以更巧妙的言語來回應女兒，而不是使用責罵的字眼，讓情況更加惡化。

有一個好消息要告訴你：如果我能翻轉自己那重複失敗的困境，與孩子建立起一個穩固、慈愛而親密的關係，那麼你也可以做到。

改變完美典型

這並不容易。身為父母，我們接收到的訊息是，自己永遠必須知道該怎麼做。我們應該輕輕鬆鬆就能料理出一頓健康的午餐，維持一個整齊清潔的家，讓每個人都井然有序，而且做這些事的時候還要看起來精神抖擻。我們「應該」要和孩子保持美好關係，因為「完美」的父母總是很慈愛、有耐心，而且和藹可親。

但現實的狀況是，有時候我們不喜歡自己的孩子，有時候我們的行為表現出不耐煩，會大聲吼叫，還會做出刻薄的舉動。對多數人而言，光是想到這些過失，內心就會產生一股無法忍受的羞愧感。然而，你可以選擇繼續沉緬於這種感受，也可以選擇利用它做為學習和改變的催化劑，我邀請你選擇後者。

時時刻刻以身作則

我們想要孩子怎麼做？我想要女兒快樂、內心覺得安全、充滿自信。我想要他們與他人擁有良好的關係。最重要的是，我想要他們對自己的樣子感到舒服自在，接受他們自己。

你想要孩子怎麼做？在你回答這個問題之後，那個大哉問會變成：**你在自己的生活中是否實踐了這些事？**

你大概已經了解，孩子對於父母所「說」的事，通常不以為意，卻非常擅長做父母所「做」的事。從嬰兒時期開始，我們就藉由自己對待孩子的方式，教導他們如何對待他人。**父母時時刻刻回應孩子的方式，創造出一種可能讓孩子遵循一輩子的模式。**因此，責任在父母，父母的行為舉止必須表現出自己想要孩子表現出來的樣子。

你想要一個什麼樣的家庭生活？你想要什麼樣的「感覺」？或許你想要覺得平靜、鎮定。或者，你想要不那麼容易被激怒，在做選擇時更有自信，想要更多的合作態度。我邀請你利用以下的練習，探索自己會如何回答這些問題。（本書會提供許多書寫題目，這是第一個。我強烈建議你準備一本筆記本，做為「正念教養」日誌，將所有的練習題集中寫在一個地方。）

特別提醒

親愛的讀者，我知道當你讀到本書要求你做練習的部分，情況會是怎樣。你可能會決定稍後再做，繼續讀下去好了，然而，這是一本「要求」你參與的書，如此你才能真的做出有意義的改變。

讓我們彼此約定這就是我們要的結果，好嗎？你可以將整本書視為一道作業，帶領你深入一種更有益的教養方式，而接下來的作業就是你踏出月臺後的第一步。你可以辦到的！現在，快去準備一本筆記本吧！

練習題：你和自己的教養任務有著怎樣的關係？

清楚了解自己想要怎樣的家庭生活是非常重要的，此外，還要了解自己需要做些什麼改變，才能達成這個目標。花幾分鐘思考這些問題，針對每個問題寫下內心最真實的感受。請你在筆記本上註明日期，因為這就像是一幅快照，記錄著你目前的感受與行為，以及你想要它們在未來呈現的樣子。

- 你現在對教養的感受是什麼？
- 讓你感到挫折的是什麼？
- 你想要擁有什麼不同的感受？
- 你想要如何改變自己的行為？

如何為孩子示範有意識的生活

本書將協助你建立一個更心平氣和、更體貼的親子互動模式。

你會學到如何巧妙地溝通，也就是讓孩子真的「想要」與你合作的方式。你會學到怎麼好好處理自己的「引爆點」（triggers），如此才能為孩子示範如何處理強烈的情緒。你會學到如何在生活中實踐你想要孩子學習的事。

你可能見過父母對小孩子吼叫，要他安靜下來的場景（或者你自己也體驗過這樣的時刻）。我們的孩子能看透這種虛偽的行為。

如果你想要孩子學習當一個和善並尊敬他人（包括我們）的人，就必須為他們示範何謂和善與尊敬。如果我們想要孩子關心他人的需求，就必須讓他們看見，我們真的關心「他們的」需求。如果我們想要他們有禮貌，就必須顧慮到自己對孩子的用詞是否有禮貌。我們對待孩子的方式，必須反映出希望他人如何對待我們的樣子；我們的行為舉止，也必須反映出希望他們表現出來的行為舉止。原則就是那麼簡單，卻一點也不容易做到。

使關係斷裂的習慣

令人惋惜的是，我們的文化對待孩子的習慣，是將他們的地位視為低於父母；而更常見的是，我們期望他們會做出連我們自己都做不到的行為。我們期望孩子懂得尊敬，自己卻不斷對他們下命令。我們對孩子提出一堆要求，卻在他們要求我們的時候感到驚訝。我們會吼叫、威脅、懲罰，擺明要讓孩子知道權力與壓迫就是我們的殺手鐧。

不意外地，這導致了關係的斷裂，孩子開始怨恨父母，等到他們邁入青少年階段，受不了這種對待，就會開始反抗。然後，在這個青少年時期，我們失去對孩子的影響力，而那正是他們最需要父母的時候。有時候，我們的親子關係所遭受的傷害，一直到孩子踏入成年後都無法挽回。

我邀請你考慮做出一個更好的選擇：**由你來示範你想要孩子學會的，那種尊重彼此的溝通方式。你會在當下減少情緒化反應，對孩子做出更深思熟慮的回應。**你滿足自己的需求，同時劃下界限，在針對需求進行溝通時，不使用責怪、羞辱與威脅的方式。你表現出一個好人的行為，一如你想要孩子成為的那種人。

改變舊模式

在接下來的內容裡，你會學到家族世代流傳下來的有害模式。若你能清楚看見這些世代相傳的模式，就能讓它們激勵你、教導你。

在我針對自己容易吼叫的問題努力了幾年之後，有一次，我和父親一起坐下來聊天，他談到自己成長的環境，當時他父母會用皮帶抽打他。我祖父的行為在今天堪稱創傷性的虐待了，但在當時卻被視為正常，所以輪到我父親處於那個位置時，他也會揍我。

我開始有了一個任務，就是要改變這些事。我不但不會體罰孩子，也努力讓自己不吼叫。我們彼此都看見，這些情況在後續的世代獲得改善，但對我而言，光是「不吼叫」仍是不夠的。我想要創造一種基於合作與尊重的親子關係，而我做到了。那種嚴厲、憤怒與關係斷裂的舊模式，已經在我的家庭中獲得了轉化。

不再威脅

你不會在這本書看到使用威脅或懲罰手段的建議，這基於幾個很好的理由：第一，當我們威脅孩子時，他們也將學會威脅他人；再者，這種教養方式比巧妙的溝通更缺乏效果。

取而代之的是，你會學到一些工具，這些工具都有良好的研究基礎，能夠提升每個人的幸福感。在你與孩子建立起更穩固的關係之後，你的影響力也會擴大。這不是魔法，而是需要付出相當的努力，但是你所獲得的益處將能夠延續一輩子。在那些來參加我所開發並教授的「正念教養課程」的許多學員身上，我都親眼看見這種情況。你也可以一舉徹底地為家族的未來世代，改變有害的模式。

當我的大女兒還小的時候，我們幾乎每天都會起衝突，不單是我拙於處理她的難受情緒，我的溝通方式也讓問題雪上加霜。然而，在運用我即將教你的這些工具之後，我成功扭轉了局面。

現在，我們已經能在衝突發生的過程中大幅降低挫折感，並且很快從中恢復關係，這兩個孩子對我和伴侶也更常採取合作的態度了。

教養孩子成為好人的正念之路

多數教養書不會告訴你的是，當你的壓力反應出現時，所有的寶貴建議都會瞬間在你腦中煙消雲散；當壓力上身，你根本無法進入大腦儲存優秀新技能的區域。因此，本書要告訴你，如何讓壓力反應（你內在那個做出情緒化反應的暴怒女妖）平靜下來，並教你如何有效地與孩子溝通（好讓你不再引發孩子那麼大的抗拒心）。

我會透過八個技巧教你如何減少情緒化反應，同時有效地溝通，這些是你在忙碌生活中也可以運用的技巧，現在就開始吧！

- **平息情緒化反應的正念練習**
- **覺察你的故事**
- **自我疼惜**（self-compassion，又譯自我慈悲）
- **處理難受的情緒**

- 正念傾聽
- 巧妙地說話
- 正念的問題解決之道
- 維繫家庭的祥和

許多父母在面對教養帶來的挑戰、煩惱與挫折時，都會責怪孩子，心想要是能「修正」孩子，我們的生活就會更好過。然而，與其責怪孩子或你自己，我邀請你將這些教養的難題與壓力視為老師，視為一件可以從中學到什麼的事，而非你想要除之而後快的事。

本書分為兩大部分。前半部的重點是你個人可以在平息情緒化反應方面練習的基礎工作，後半部的主題則是家中的巧妙溝通，以及家庭祥和氣氛的培養。請不要跳過本書最前面的部分！內在工作對親子間的溝通是非常關鍵的基礎。

在第一部分，你會學到並練習如何運用正念，來減少壓力反應、培養疼惜心，接著，你將能夠覺察到自己內心的故事，並發現自己的引爆點在哪裡，再來是對自己的疼惜，它是促成正面改變的一種重要態度。第一部分的最後，將以處理難受情緒的重要技巧做結。

在第二部分，你會學到一些溝通技巧，讓孩子更願意與你合作，也讓彼此的關係變得更好。你會知道如何傾聽，藉此幫助孩子解決他自己的難題並改善親子關係。你會學到如何說話，好讓你不再引發孩子那麼大的反抗情緒。你會學到如何在不祭出威脅手段的情況下解決問題，讓每個人的需要都獲得滿足（包括你自己的）。最後，你會學到有助於維繫一個祥和新家庭所需要的一切練習與習慣。

我也發展出一些額外教材，包括為父母設計的引導式靜心，可以在本書的網站下載：https://mindfulmamamentor.com。我鼓勵你造訪網站，以獲得更多免費資源。

我所打造的正念教養課程，根據的是自身生活中經歷過的種種掙扎，因為我曾經是一個覺得自己彷彿搞砸了人生中最重要的工作的母親。五花八門的教養書都提供了很好的建議，但我卻無法真正實施，因為我實在太挫折、太沮喪了。我需要重新建立正念修習，來讓自己恢復理智，但是我的正念修習卻無法幫助我找到正確的說話方式來跟孩子說話，那是一種不會引發孩子抗拒心的說話方式。

最終，這兩個工作結合在一起了，因為我領悟到缺少任何一個都是不完整的。我需要這兩者，我所指導的那些父母也是如此，**「正念」與「巧妙的溝通」是一雙讓我們展翅高飛的翅膀。**

你不需要輕易相信我說的話，可以親身試試看。

這次，不要只是花時間「閱讀」這些觀念，而是要在你自己的生活裡「體悟」它們，也就是採取行動，包括書寫、練習、實際做作業。這也意味著要修習定靜（stillness），而那一開始可能令人恐懼，但最終卻能為你帶來養分。

你努力付出過的，終會為你帶來收穫。因此，我鼓勵你發揮科學家精神，在自己的實際生活中試驗這些練習的效用。

以下就是我送給你的「正念教養宣言」。你會漸漸明白，這就是貫穿本書的指路明燈。

正念教養宣言

正念父母是新一代的父母：處於當下、不斷進化、冷靜、真實無偽、自由。

正念父母拒絕「不夠好」的文化，了解到只要自己能跳脫不必要的壓力與帶來局限的故事，那麼我們真實、平和的本質就會顯露出來。

正念父母會練習自我疼惜，將遭遇到的挑戰視為老師，而非瑕疵。

正念父母重視智慧更甚於情緒反應，重視同理心更甚於服從，每天都能重新開始。

正念父母會活出那些想要孩子學會的品格，了解到最好的教養就是做孩子的榜樣。

正念父母會進入自己的內心，讓自己安靜下來，從中獲得力量。

正念父母會練習處於當下，創造自己的經驗，擁抱不完美，而且愛自己。

正念父母目標明確，明白自己正一步步為未來的世世代代提出挑戰。

我是一個正念父母。

PART 1

打破情緒反應的循環

第1章 保持冷靜

你阻止不了大浪，但可以學習如何衝浪。

——喬．卡巴金（Jon Jabat-Zinn）

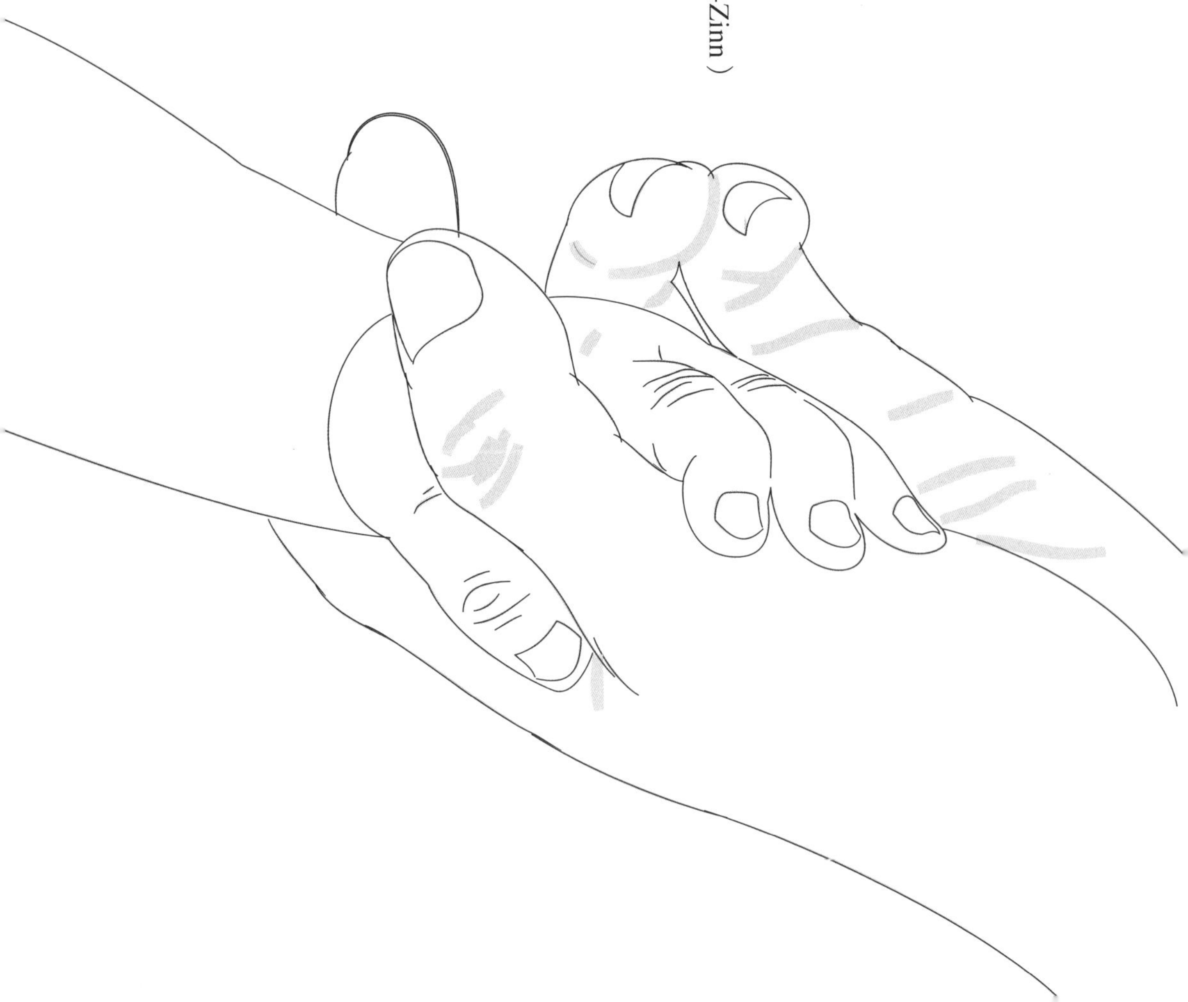

想像現在是早上八點，你有一整天的行程要忙，孩子還得趕在八點十五分前到校。老師已經提出警告，說你的孩子最近遲到太多次了，但你的小寶貝又花費許多時間在換衣服，而且還沒刷牙。

「寶貝，快點，不然我們要遲到了！」你已經喊了好幾次，但孩子還是沒下來，你忍不住走進他的房間看看他到底在幹嘛，但他卻一股腦兒賴在地板上大叫：「我不要去上學！」

讀到這樣的情景，你有什麼想法？你的身體有什麼樣的感覺？我可以感覺到自己的脈搏加速，彷彿血液都快要開始滾燙起來。我的下顎覺得緊繃，一股無助、焦慮、挫折的感覺湧上心頭，不耐煩的念頭掠過我的腦海，我內心的聲音正在對這樣的情況不停痛罵。

整件事的重點在於：**所有這些反應都是自動發生的**。我們並未「選擇」產生這些令人沮喪的念頭、無助的感覺，或是生理上的壓力反應。**我們在「自動運作」的模式下，對這樣的時刻產生了反應**。壓力是這齣戲的導演，一手操縱著我們的反應。我們嘴裡的話不假思索地脫口而出，而且我們的自動運作劇本，通常正是我們的父母在那些情況下會使用的同一套臺詞。

天生的反應迴路

當我們處於反應模式，表現出的是教養技能裡最壞的情況。試想，你能否不落入自動運作的反應模式（嘴裡脫口而出的是你母親說過的話），而是在那些時刻做出深思熟慮的回應？那會造成什麼樣的改變？

在本章，我們將先探討神經系統，並了解它如何破壞我們的教養方式。接著，你會學到一些練習技巧，幫助你制衡那些天生的傾向，從而降低自動化反應的頻率。

何謂壓力反應？

你可以感覺到它，你的心跳加速、血壓上升，呼吸速率在壓力之下增加，而以上這些幾乎在身體上立即產生的反應，是為了幫助你進行可消除威脅的戰鬥行為，或是進行可獲得安全的逃跑行為。壓力反應在人類的祖先必須對威脅迅速做出反應時，幫助他們存活下來，因為它確實切斷了我們與大腦上層區域（上層腦，即那個能夠推理並解決問題的部分）的連結，而那個部位通常只會阻礙我們，讓我們慢下來。如果要人類祖先暫停下來，思考如何拯救自己免於劍齒虎的虎口，那他們肯定活不下來了。人類需要迅速的反應。然而，在現今的世界，這些自動運作的壓力反應經常讓我們陷入麻煩。

這些就是為何我們經常「情緒失控」的生理與進化上的原因。事實上，如果從進化觀點來看，當你情緒失控時，我會辯稱：那根本不是你的錯。「情緒失控」發生在我們做出自動化反應的時候，因為我們的大腦錯誤地感知到威脅，像是與孩子的衝突，就會觸發這些自動化的生理反應。**我們並未選擇做出這些反應，但是可以選擇去緩和其效果。**

我們也不是有意識地選擇專注在問題上。這個有助於生存的天生設定，讓人類先天的傾向就是會去覺知到那些威脅自己的事物，這是一種「負面偏誤」（negative bias）。下層腦會確保我們能更順利地注意到負面事物，因為這有助於讓我們在生存奮鬥中獲得成功。然而，在今天，負面偏誤卻可能會暗中傷害你與孩子間的親子連結，而這份連結是讓教養更輕鬆的黏著劑。我們總是看見孩子不合作的時候，但是合作的時候呢？我們看見孩子自私的一面，但或許錯過了他們慷慨的一面。我們對孩子的看法很可能是狹隘的、偏差的。

我們的生物性本能，未經審查、未經檢視地就將我們推向教養的負面經驗裡，但是事情不是非得如此不可。後續我將會與你分享一些經過證明的工具與練習，幫助你將情況反轉過來。

大腦裡發生的事

我們再進一步檢視「情緒失控」的大腦裡發生了什麼事，讓我們先從下層腦的壓力反應著手。雖然整個大腦都是由相互連結的網絡所構成，但是一種有助益的看法，就是將大腦最深層的部分（即腦幹與邊緣系統區域）視為負責壓力反應（也就是著名的戰鬥、逃跑或僵住反應）的最主要部分。

科學家告訴我們，這些大腦區域主要是控制基本的身體功能（例如呼吸）、先天的反應（例如戰鬥、逃跑或僵住），以及強烈的情緒（例如憤怒、恐懼與憎惡）。杏仁核，也就是邊緣區域兩個杏仁狀的結構，是威脅偵測系統的中心。杏仁核與邊緣系統在數千年來幾經磨練下，能夠迅速偵測到威脅並做出反應，也因此讓人類能夠活命。由於這個功能實在太重要，所以這些反應會繞過大腦上層區域，也就是處理較為深思熟慮之決定的那些較慢心理歷程的地方。

上層腦區域，特別是前額葉皮質，位於前額的正後方，一般負責複雜的心理歷程，包括問題解決、創造力、計畫、想像，以及深思熟慮。

正念教養所需的特質，都在這個區域裡，包括：

- 理性的決定過程
- 對情緒與身體的有意識控制
- 自我覺察
- 同理心

受損的教養能力

我們的深思熟慮能力，取決於運用上層腦的能力，那裡也是理解力與同理心的所在處，然而，當我們情緒失控時，也是上層腦的能力會受到傷害。因此，你的身體壓力反應會損害上層腦的運作，自動化反應會繞過前額葉皮質。值得反覆強調的是：**當你引發了壓力反應，就是會無法運用大腦的理性部分**。

情緒失控不是你自己做出的選擇，而是生物系統的自動化反應，因此，要學習如何做出不同的反應，需要刻意的練習。這也表示，我們會做出這樣的反應，不能全怪我們。對人類的祖先來說，對威脅做出立即的反應可能至關重要，而人類的杏仁核並不知道現今人類生活的世界已經完全不同了。

這就是大多數的教養建議效果不彰的原因，大致而言，教養專家都疏於教導人們處理自己的壓力反應，因此，當情況變得棘手，壓力來襲，我們根本無法好好運用剛學會的新教養技巧。雖然各式教養書籍與部落格都提供了立意良善的建議，但是當壓力反應開始起作用，這些建議似乎便在瞬間全數飛到九霄雲外去了，徒留滿懷挫折與沮喪的我們。我們甚至會認定自己是個「壞」父母。但是，請聽我說：你沒有問題！那只是你的一種生物反應，而這是有工具可以應對的。

如果是這些根深柢固的生物歷程要負起責任，我們有什麼辦法能對付它？值得高興的是，確實有一種已經通過時間考驗的介入方式，那就是「正念靜心」。你可能在最近幾年大量的媒體報導上聽過它，但或許不清楚它是什麼。或者，你可能正在想：「我們談的還是教養，對嗎？」

是的，我向你保證，我們真的還在談教養。

正念：父母需要的超能力

正念靜心就是能平撫你的壓力反應、讓情況大大改觀的秘密工具。

正念是什麼？我最喜歡的定義是來自科學家、作家暨靜心老師喬・卡巴金的定義，他在將正念帶入醫療與社會主流方面一直具有重要的影響力，他說：正念是「**在當下時刻，透過刻意的注意而產生不帶評斷的覺知**」。

至於靜心（meditation，又譯冥想、靜觀），它對人們來說可以指很多事。我們運用它的目的是做為一種訓練心智的修習，讓我們較不容易產生自動化反應、更能夠處於當下。

因此，正念靜心可以訓練我們將注意力放在當下這一刻，保持一種不起反應、不妄加評斷的好奇心。正念是一種我們希望達到的特質，而正念靜心是我們在內在建立這種特質的工具。

正念靜心有許多好處，而且實際上完全零副作用。約翰・霍普金斯（Johns Hopkins）大學的研究人員發現，有四十七份研究報告都顯示，正念靜心有助於舒緩來自焦慮、沮喪、慢性疼痛的心理壓力。更多研究顯示，它能增強正面情緒，強化社會連結與情緒智商，而且重要的是，能改善你管理情緒的能力（這正是父母所需要的）。

我在自己和學員的生活中，都見過這些益處。簡單來說，**修習正念能帶給我們做好教養工作所需的心平氣和與理性態度**。

正念靜心能改變大腦

正念靜心可以在一段時間之後改變大腦做出壓力反應的方式。我們無法百分之百確定這是如何發生的，但磁振造影（MRI）掃描顯示，經過為期八週的正念修習，大腦的「戰鬥或逃跑」中心，也就是杏仁核，實際上會開始萎縮。不僅如此，隨著杏仁核的萎縮，前額葉皮質（prefrontal cortex，與較複雜的大腦功能有關的區域，例如覺察、集中注意力、同理心與做決定等）還會變得更厚！

更重要的是，這些區域之間的「功能性連結」（functional connectivity），也就是它們一起被激發的頻率，也會跟著改變。杏仁核與大腦其他部位的連結減弱了，而大腦中「注意力」和「集中精神」相關的區域，彼此之間的連結卻變得更強了。

這表示靜心能藉由削弱我們的壓力反應，從身體上改變大腦，而大腦這種改變的能力稱為「神經可塑性」（neuroplasticity），一個人終其一生都能發生這種改變。藉由正念靜心，自動化的壓力反應就能被更為深思熟慮的反應所取代。

由於正念靜心能促成這些改變，幫助我們在艱難的教養處境下更清楚地思考，它成為我們必須培養的基礎。在壓力反應減輕之後，你便能進入大腦中更有邏輯、更理性、更富有同理心的前額葉皮質，進而運用即將學到的新溝通技巧。若能掌握正念靜心的修習，以及其他減輕壓力反應的練習，那麼你想要以更體貼的方式來教養的目標，便不會再被壓力反應綁架了。

孩子和你一樣會產生壓力反應。他們的「戰鬥或逃跑」系統，經常會將一個貌似龐然大物、隱約逼近的父母，認知為一種威脅。如果孩子的神經系統認為你具有威脅性，便會引發抗拒，使他無法學習。

這是因為他的上層腦（孩子的這個部分發展得沒有成人好）「離線」了。所以，如果你要和孩子建立連結，重要的是必須蹲下至他的高度，然後意識到自己的身體和語言是否具有威脅性。如果你讓自己的身體看起來較不具威脅性，然後以較冷靜的聲調說話，而不是大吼大叫，孩子的壓力會減輕很多，也會更願意與你合作。

擺脫自動運作模式

讓我們將鏡頭拉遠一些，從更開闊的格局來看待正念。

我們與孩子相處的大多數時間，都是處於自動運作模式。我們的心念執著於完成目標、解決問題、執行各種計畫、為接下來的日子或明天制定策略。我們與孩子在一起的日常時光裡，總是因為充斥著關於未來的各種想法而分心（例如，當孩子在訴說一整天發生什麼事的時候，我們在思忖著晚餐吃什麼）。當我們處於那種自動做／達成／計畫什麼的模式時，心念是遊蕩到其他地方的，並未真的處於當下與孩子在一起。

如果我們無法處於當下與孩子在一起，便無法察覺他們所傳遞的線索，可能失去了發現孩子表面下真正生活狀況的一個機會。我們可能會錯過孩子此刻需要的是一個擁抱或幫助，而非指引方向的信號。

如果我們在生活中缺乏正念修習，可能會在當下做出不夠巧妙的選擇，甚至可能會被強烈的壓力反應擊垮。若是如此，我們不僅無法給予孩子體貼且具有同理心、有益於當下的回應，反而會被引爆情緒而做出自動化反應。我們將會在第二章深入探討如何解除這些引爆點。現在，你會學習如何進行正念修習，幫助你隨時降低壓力反應的頻率。

在我們開始練習正念，也就是帶著和善與好奇心，將注意力放在當下的時刻之後，便可以將那份覺察、和善與好奇心，擴及到孩子身上，以此避免因分心而出現的一大串問題。

事實上，我在自己的「正念老媽」（Mindful Mama）播客節目裡，曾經與丹・席格博士（Dr. Dan Siegel）進行過一場對話，他是精神醫學臨床教授、作家，以及研究執著、正念與大腦的專家，他說「父母的處於當下」是重要「關鍵」，能提供孩子最佳機會去擁有一個幸福安康且具備韌性的人生。

這聽起來很神奇，對嗎？但是讓我們實際一點，沒有人能百分之百處於當下，但這並沒有關係。我們要走的是「中道」，也就是利用正念工具減輕壓力反應，讓我們與孩子在一起時能夠更處於當下。**我們的目標是做到「夠好」的教養。**

如何練習正念

該如何練習正念？你可以刻意地將注意力放在此時此地正在發生的事情上，致力於在當下時刻變得「更加」留心，而非容易分心。**你練習去注意時時刻刻所發生的事，包括發生在你內在和周遭的事，但必須帶著和善與好奇心，不妄加評斷。**

我們現在就來試試看，你就能體會我到底在說什麼。

練習題：帶著正念吃葡萄乾

從食物櫃拿出一顆葡萄乾，在你開始練習之前，一口氣讀完以下這些指示。我們即將把自己全副的注意力和好奇心放在這顆葡萄乾上。

設定意圖

決定帶著和善與好奇心，全神貫注在這個練習上。

拿取

將葡萄乾放在掌心上，或用食指和拇指拿著。聚焦於它，想像你剛從火星降落地球，生平從未看過這種東西。

觀看

花點時間好好觀看它，帶著關心且全神貫注地凝視這顆葡萄乾。讓你的眼睛探索它的每一部分，彷彿你從來沒有看過葡萄乾。

觸摸

以手指滾動葡萄乾，感受它的質地。閉上眼睛，看看你觸覺的敏銳度是否又更上一層樓。

嗅聞

把葡萄乾放在鼻子下，吸入葡萄乾的香氣。

留意你的嘴巴或胃部是否對這個舉動做出回應。

置放

現在，慢慢地將葡萄乾放在唇邊，然後將它放入口中，不要咀嚼它。花一些時間探索它在你嘴巴裡的感覺。

品嚐

非常有意識地咬一、兩口葡萄乾，然後留意發生什麼事。

持續咀嚼，留意口中品嚐到的味覺與質感，以及它們如何隨著時間在每一刻所產生的變化。

注意葡萄乾本身產生的變化。

（我們還能稱它是一顆葡萄乾嗎？）

吞嚥

當你準備好吞嚥的時候，看看你是否先覺察到自己產生吞嚥的意圖，甚至連這件事也可以變成有意識的體驗。

追蹤

最後，看看你是否能感覺到咀嚼後的葡萄乾往下滑到你的胃。

完成這個正念進食的練習後，感受一下整個身體有何感覺。

歡迎來到正念進食的世界！你能用來練習正念的情境有無數個，這只是其中一個。它是一個很棒的方法，能讓你領悟到我們在正常情況下容易分心、具習慣性的心智，與全然處於當下的練習時的心智，有何不同。

開始鍛鍊你的不反應肌肉

一次簡短的靜心練習，就是降低壓力反應的金科玉律。經過一段時間之後，你的正念練習與對自己的疼惜心，會幫助你變得比較不容易產生壓力反應，也更能夠接受自己和孩子。大多數人都能預期自己可以達成這種一點一滴、漸進式的改變。在了解到日常生活中來自家庭、工作與其他責任的壓力，都會消耗你的時間與精力之後，我即將教你一些簡短的、直接與生活相關的正念練習，從每天五分鐘的正念靜坐開始。

靜心純粹是一種訓練你的注意力，以減輕壓力與反應程度的方法，它不是一種宗教。練習正念的人來自各行各業，從公司執行長到名人、囚犯都有。我們會藉由運動與營養的食物來照顧自己的身體，而靜心就是我們照顧心智的方法。要開始這項練習，你所需的一切就是呼吸。

選擇每天的一個固定時段來建立靜坐習慣，早幾分鐘起床，以正念靜心做為一天的開始，是個不錯的主意，這能為接下來的一天定調。然而，有許多人是在晚上練習，尤其是為人父母者，更必須發揮創意，才能騰出幾分鐘的時間。

無論是早上、午休，或是小憩時段，請試著在每天騰出一個固定時段。你的目標是讓靜心變成和刷牙一樣的固定習慣。

不要跳過這個基礎訓練，認為你可以讀過這一段而不必實際練習。只是閱讀關於網球的事，並不會讓你變成一個更好的網球選手！你每天所付出的幾分鐘練習時間，能幫助你在一天當中剩餘的時間裡，變得比較不容易起反應。

要以這樣的方式思考：你不會在孩子沒有規律練習的情況下，將他送去參加足球錦標賽的冠軍大賽吧。正念也是同樣的道理，如果你想讓自己做好準備，迎接那場大賽（也就是孩子鬧脾氣），就必須規律練習。

輕鬆地進入狀態吧，從簡短的靜心開始，然後再漸漸增加時間，最終的目標是做到一天二十分鐘。

你可以利用本書的線上附贈內容所提供的引導式音檔來練習 (https://mindfulmamamentor.com)，也可以單純地遵循以下指示來做，記得利用鬧鐘記時。

練習題：正念靜坐

找一段安靜的時間與一個安靜的地點，在椅子或坐墊上挺直而放鬆地坐著，讓自己保持舒適！你甚至可以坐在躺椅上靜心。你的雙手手掌可略微做捧起狀，兩手拇指相碰，也可以採取任何讓自己覺得舒服的姿勢休息。

設定鬧鐘，如此你就不需要擔心時間問題。

閉上眼睛，或者半開半闔；將注意力放在呼吸和身體上，讓心念保持開闊的狀態，心存和善，保持柔軟；感受腹部或鼻子的呼吸氣息，保持自然的呼吸。注意每一次的吸氣與每一次的吐氣，吸氣時對自己說：「吸氣。」吐氣時對自己說：「吐氣。」

要是你的心念立刻飄走，這很正常！你的目標不是要停止思緒，而是訓練注意力，讓自己花更多時間在當下時刻，減少分心恍神的時刻。如果你願意，可以將思緒貼上「思想」這個標籤，然後回頭專注在呼吸上。一而再，再而三地重複做這個動作，每當你發現自己的心念又東飄西蕩的時候，就是重複做這件事的好時機，並且鍛鍊你的正念「肌肉」。就算你覺得自己做得很糟糕，仍是有效的。

靜心必須透過練習與和善的對待，才能開花結果，如果你每天都做這個簡單的練習，就會漸漸變得更明智、更有覺知。

你的靜心練習能讓你重新取回對心智的控制權，不再被它的自動化反應推著走。靜心練習能增強你的自我覺察，幫助你回到當下時刻，而非迷失在思緒裡。當你回到當下，看得更清楚之後，許多焦慮與恐懼就會退去，讓你不再那麼容易起反應。

練習正念的其他方式

將正念練習融入你的教養方式裡，你會變得更加心平氣和。它們有助於提醒你，別忘了自己的意圖是保持冷靜並降低整體的壓力程度。你可以挑選一個每天都要做的活動，藉此開始練習正念，將這個活動當作一段讓自己慢下來、帶著和善與好奇心付出關注的時間。

練習題：以正念進行每日的活動

我們已經談過如何正念進食。現在，讓我們以洗碗為例，這是一件乏味又太瑣碎，很容易讓人進入自動運作模式的工作。然而，洗碗也可以是一件令人感到滿足與踏實的事。

慢慢地洗碗，感受雙手接觸到的溫水，留意杯盤發出的聲音，留意清潔劑泡沫的形狀。讓自己享受這個把髒東西變乾淨的經驗。如果你想到別的事情，便承認自己的心念已經飄蕩到別的地方，然後再重新專心洗碗。只要專注在做這件事即可。

知名禪師、正念領袖暨和平行動主義者一行禪師，曾在著作《正念的奇蹟》裡，優美地描述這項工作：

放鬆地洗碗，彷彿每個碗都是靜心的對象。將每個碗都視為神聖的。讓注意力跟著呼吸，以免心思飄蕩到他處。不要急著把工作做完，要將洗碗這件事視為生命中最重要的事。

你會選擇什麼活動來做正念練習呢？

選擇一個你每天都會像自動運作般去做的習慣性工作，可以是洗澡、從車子走到辦公室的那段路途、照顧孩子，或是例行事務裡的其中一件事。

落實在身體裡

要處於當下，一個最快速、最簡單的方法，就是練習對自己的身體保持正念，你必須真正「清醒過來」，感受真正活著是什麼樣子。當你注意到身體的感覺時，就是處於此時此地，因為你無法去感覺昨天或明天，只能感覺到現在。

身體是正念練習最自然的基石。

在充滿挑戰的教養時刻，注意我們的身體能產生踏實的效果。當我們將覺知放在身體上，就是落實於大地；由於身體具有重量，對那個不斷飛到各種概念與思緒裡的輕浮心念而言，身體能提供很好的平衡力量。

對身體保持正念覺察時，我們會進入一己存在（being，又譯同在）於地球的有形現實裡，而這麼做一如其他靜心形式，能強化我們的注意力並減輕壓力。

練習題：落實在身體裡

遵循以下簡單的指示，或利用下列網站中的身體掃描引導式靜心來進行：https://mindfulmamamentor.com。這兩種方式都能幫助你與身體接上線，放下老是掛念「待辦事項」的心態，並釋放壓抑的情緒。你越是努力練習覺知身體，就越能夠在痛苦的情緒產生並累積為憤怒之前，看見它並感受到它。

舒服地坐著或躺下，留意自己身體與物體表面接觸時的觸碰或受到壓力的感覺；深深地吸一口氣，注意胸口擴張的方式，接著，將那口氣吐出去，留意身體變得柔軟的過程。

將你的注意力移至雙手，你能感覺到手部的刺麻感或震動嗎？讓你的全副注意力都集中在該處的感覺上，持續幾分鐘，對你的感覺保持好奇心。

你能察覺到腳部也有類似的感覺嗎？整個身體呢？你可能會感覺到令人愉快或不愉快的感覺。試著以不評斷（non-jnding，又譯非評價）的方式注意這些現象，每次吐氣時就讓身體更柔軟一些：一邊保有這些身體上的感受，一邊呼吸，你想持續多久都行。

當你注意到自己的心念游移到思緒裡，只要輕輕放下這些思緒，然後回到身體的感受即可。當你注意到自己的心念遊蕩到其他地方（譬如被聲音吸引），只要認知到這一點，然後再將注意力放回身體上即可，盡力而為，帶著和善的態度進行。

如果你發現自己在靜心和正念練習的過程中分心了，別擔心。除非你是個開悟大師或者已死亡之人，否則心念到處遊走（且非常頻繁）都是意料中的事。大腦就是一部思考機器。如果你全心全意練習，每天只要一點點時間，就可以獲得以下這些益處：舒緩壓力、平息焦慮、減輕沮喪、更心平氣和，以及更強烈的幸福感。

再者，比起玩具或上課，孩子更需要「你」，那個在種種壓力與自動化反應底下最真實的你，那個不緊張、更處於當下、更放鬆的你。**你全然處於當下的能力，將會自然地開始安撫孩子，幫助他們覺得被看見、被聽見、被接受。**一行禪師曾做出以下這句充滿智慧的結語：

當你愛一個人，所能給予的最棒事物，就是你當下的存在。如果你不在，又怎麼能夠愛呢？

減少自動運作的頻率，更處於當下

即便我們沒有注意到，但我們在家庭生活中時常透過貼標籤在心理上抄捷徑，這些標籤可能有所幫助，但也可能造成偏見，讓我們只看見過去見過的特定事物。例如，如果我們將一個孩子貼上「運動健將」，另一個貼上「聰明」的標籤，便限制了這些孩子的其他可能性。互相比較是很自然的事，但有時我們會過度按照字面解讀那些標籤。我們對孩子的行為態度所預設的想法，會阻礙我們看見他們真實的模樣。

由於我們的孩子一直在變化，而標籤是靜態的，所以我們必須了解標籤可能不可靠；再者，**我們預設的想法可能只是一種自我應驗的預言，也就是孩子會達成我們的負面期望**，這種情況多悲慘啊！

我們另一個抄捷徑的方式，是藉由例行事務來達成。家庭生活是日復一日重複的：做晚餐、清理桌子、洗碗、準備上床睡覺等等，這些例行事務能幫助我們更輕鬆地過日子，但缺點是我們可能會因而失去了以新鮮眼光來看待事物的能力。我們經常無論走到哪裡都是低頭看著螢幕，就這樣度過一整天。

我們不去欣賞美麗的天空或盛開的百合花，更糟糕的是，我們喪失了好奇心，而那是孩子們面對周遭世界時自然就會有的態度。

對當下與改變抱持開放的態度

事實是，**我們每天早上醒來面對的都是一個全新的孩子，他們無時無刻都在成長、學習、變化**，在生物學的層次上，他們每一分鐘都有數千個細胞死亡、數千個細胞新生。孩子永遠不會是跟以前一樣的人，而正念能幫助我們認知到這個真相，並在每一刻都用新鮮的眼光看待孩子。

在更深的層次上，不斷變化是人類存在一種無可否認也無可逃避的事實，所有人都會變老、生病，最終死亡。我們所有的感受終將被新的情緒所取代，而對孩子的感受來說，情況也是如此。若我們認為自己的感受、行為與想法將「永遠會」或「永遠不會」如何，我們就會受苦。

試想：當你發現自己的孩子（又）說謊時，你恐懼的根源是什麼？很可能你害怕孩子將永遠如此，你們的關係將從此遭到破壞，也會毀了他擁有成功與快樂人生的機會。**「永遠」的想法會讓我們陷入一種焦慮的心態，如果沒有「我的孩子永遠都會如此」這種想法，你在處理實際情況時，態度會更理智、更冷靜。**

此外，如果我們在日常生活中時時想起「萬物不斷變化」的這個真相，就會更容易對當下擁有的一切心生感激，因為沒有一件事會永遠持續。我們不會，孩子不會，我們的問題也不會。有太多好理由能讓我們練習用「全然處於當下」的狀態，來面對當前的生活了。

處於當下，表示真正去看、去聽、去了解你的孩子，這件事意味著放下你心中既有的想法和先入為主的概念，轉而以好奇心面對發生的一切。你的靜心練習能幫助你在面對孩子時更處於當下，但你需要的不止如此。以下幾個練習能幫助你加深對當下時刻的覺察。

初學者之心，從每一刻學習

如果我們能以新鮮的眼光看待自己與孩子相處的時刻，會是怎樣的光景呢？我們可以做到這件事，而它被稱為「初學者之心」（beginner's mind，亦簡稱「初心」）。這個佛教禪宗的練習能幫助我們將壓力反應鎮定下來，以初學者的身分看待生活，彷彿每個處境都是一個學習機會。

如果我們能慢下來，更加活在當下，也就是以不加評斷的態度覺知到當下時刻，就能看見周遭世界豐富的一面。盡情品嚐這個世界並心存欣賞與感謝，不僅能激發美好的感受，也能減輕我們的壓力，幫助我們更清楚地（也更不帶評斷地）看見問題所在。

若能練習保有一顆初學者之心，就能看見世界本來的真實樣貌，而非停留在我們認為它是何種模樣的老舊概念裡。

初學者之心就是練習讓每個新的經驗成為它該有的樣子——也就是「新的」經驗，這將會為每一刻帶來一份「新鮮感」。

請在本週嘗試以下的練習，這些練習能幫助你擺脫自動運作模式，放下先入為主的概念，進入一個處於當下與抱持好奇心的領域。同時要記住，**你練習什麼，什麼就會變得更強大**。

練習題：以初學者之心散步

首先，以新鮮的眼光來看待散步這個活動，彷彿你不知道將會發生什麼事，彷彿你不曾做過千百次。

好好觀看自己所走的路徑、樹木或水泥地、建築物與風景。試著注意那些你通常不會注意到的細節。

注意你周遭世界的質地、味覺、嗅覺，以及外觀。專注於留意，彷彿你不知道這趟散步會帶你到什麼地方。

練習題：以新鮮的眼光看待孩子

想像你第一次跟孩子見面的樣子。以新鮮的眼光看他，對他是誰感到好奇，彷彿你根本不知道他生命裡的任何事。

好好看看你的孩子：他的頭髮、他的笑容、他的衣服和鞋子、他的身體動作。保持好奇心。試著去看一些你通常不會注意到的細節。

以好奇的態度，而非帶著評斷的態度，留意孩子如何與他人互動。密切留意，讓自己對所見感到驚訝吧！

透過固定練習保有初學者之心，你會越來越容易看見孩子現在的真實樣貌，而非你想像中他過去的樣子。若能抱持這樣的態度，你便不會用標籤限制住孩子（或你自己）的可能性，能夠以更完整、更開放的心來看他。

承認，說出你看見的事

我們在生活上刻意練習以正念對待孩子時，可以利用心理和口語上的承認工具來進行，也就是接受並辨認出我們當下正在發生的事。

在接下來的章節裡，我會讓你知道我們有多常錯過這個步驟，以及如何將它應用在孩子、自己和靜心練習上。

以正念對孩子承認事實

我經常看到這種情況：孩子來找父母，心情很沮喪。父母想要讓孩子感覺好過一點，所以直接跳到了試圖解決問題這一步。通常他會說出像這樣的話：「我們何不……」或者「你可以……而不是……」解決方案提出了，問題解決了，對嗎？

但是，當父母這麼回應，將錯過了與孩子建立連結的寶貴機會。他們省略了一個重要的步驟——「承認」，亦即認知到孩子在那個當下發生了什麼事。承認，表示我們看見並接受一件事的真相或存在，例如孩子受傷的感覺。

承認的舉動，可能會對孩子發揮神奇的效果，**孩子亟需父母認知到他們的想法與感受，也就是真正聽見並看見他們**。而我們經常想跳過這個步驟，直接解決他們的問題，若不跳過這個步驟，而是說出我們看見的事，孩子會覺得自己被看見、被聽見，那麼任何情況都能獲得改善。

凱倫的故事

四歲的亞瑟在玩耍時因為不想離開而大吵大鬧。他不想走，但他跟醫師有約。他母親凱倫在亞瑟開始抗議時，想起了這個承認的技巧。凱倫對亞瑟說出她看見的事：「你不想走，希望自己可以留下來，我了解，但我們還是得走。」亞瑟對此並未感到高興，但離開時的表現卻不像以往那般小題大做了。他覺得自己被看見、被聽見了。他的感覺受到了尊重。

「承認」意味著「我看見你了」。

我們的承認可以紓解壓力

承認自己的感受，是一種帶著正念戳破戲劇泡泡的方式。你覺得自己被小孩搞得很惱火？那就大聲說出你看見的事：「我現在覺得很煩躁。」只要簡單地承認這件事，就能帶來很大的紓解效果，而且能夠與孩子溝通，讓他明白你身上發生了什麼事。這是雙贏！你會覺得好過一點，也為孩子示範了一種健康的情緒智商（EQ）。

憤怒經常是其他感受升級至惱怒狀態的結果（我們會在下一章深入探討這件事）。藉由練習承認自己的所見，有時你可以攔截憤怒。

當我誠實地對女兒說：「我現在覺得很煩。」這句話為我累積已久的感受提供一個釋放的出口，讓我們能各退一步，讓出一點空間。

然而，我們通常會努力壓抑自己的怒火，而囤積自己的感受會讓我們變成什麼樣子呢？想像你在水裡擠壓一顆充氣膨脹的沙灘皮球，於是皮球遲早會帶著比之前更大的能量爆發。你可以做的是，練習說出你看見的事。這麼做時，你是在讓語言相關的前額葉皮質發揮作用，紓解累積的情緒壓力。

靜心過程中的承認

正念靜心邀請我們承認自己當下時刻的思緒、情緒與感覺。靜心的時候，你只要將注意力放在接續而來的每個片刻上，而不是對每個片刻應該如何而強加各種想法。

如果你覺得壓力沉重、心煩氣躁，那就承認吧，容許這些感受存在。假如你身體不舒服，也要承認這個事實，而不是企圖否認，然後忍受痛苦。假如你在練習靜心的時候思忖著未來的事，那就承認它吧！

實作的練習要如何進行呢？**只要在心裡說出你看見的事即可**，在靜心領域，這種做法叫做「標記」（noting）。例如，我在靜心時，發現自己經常在計畫明天的活動，便會在內心標記出「計畫」；如果你發現自己心情忐忑，就在心裡標記「不安」。

在靜心時段和日常生活裡，都可以練習這個技巧，幫助你體驗在承認之後的壓力紓解情況。以下練習總結了這個技巧在日常生活中的做法。

練習題：承認事實

在接下來的幾天裡，練習說出你在自己和孩子身上看見的事。這能引導你進入當下時刻，承認正在發生的實際情況。

1. 標記內在感受，向內看。說出你的所見。你是否覺得心情煩躁？你疲倦嗎？例如：「我現在覺得很煩躁。」
2. 標記孩子的狀況，說出你的所見。以言語承認孩子的感受。例如：「時間到了，你覺得很沮喪。你希望自己不必上床睡覺。」

練習「承認事實」技巧的時候，可以開始注意自己的感覺，以及他人如何回應。

在你的「正念教養」日誌上，簡單記下你的觀察。當你看見正面的改變時，你的新習慣會獲得支持。

承認負面思緒

承認，也能幫助我們以更清晰的眼光看待那些在非靜心時段困擾我們的思緒；所謂的思緒，就是那些抓住我們注意力的心理語言或畫面。

這些思緒可能是真實的，也可能不是真實的，但它們經常將我們的注意力從賦予生活意義的當下那一刻帶走，諸如「我是個很糟糕的父母」這種負面思緒，很可能套住我們，讓我們陷入負面羅網之中。

不要讓這些思緒控制你，反而要切斷它們，跳脫這些思緒的束縛。該怎麼做呢？將「我正在產生一個想法，就是……」這個句子放在你的負面思緒之前。如此的承認，能讓你和那些無益的思緒之間產生些許空間，進而選擇將注意力放回當下時刻。

練習題：跳脫負面思緒

諸如「我不夠好」或「我是個很糟糕的父母」等種種負面思緒，會套牢你的注意力，讓你分心，而無法在與孩子相處時處於當下。

負面思緒也會阻礙你做出好的選擇，你可以藉由承認它們來切斷這些無益的思緒，將正念帶入日常生活中。請遵循以下的步驟進行：

1. 注意自己何時感到緊繃、壓迫、易怒或難過，接著，注意這些感受或情緒背後是否有個想法在支撐，例如「我某某事做得很差勁」或者「我的孩子出了什麼問題」。
2. 心理上將「我正在產生一個想法，就是……」這個句子，放在你那個無益的思緒之前，例如，「我正在產生一個想法，就是我為孩子做得不夠多。」
3. 呼吸，然後從一個清明的觀點選擇下一個行動。

跳脫負面思緒不代表它們會永遠消失，我們的心念會繼續訴說各種故事。然而，跳脫這些思緒能幫助我們帶著更明確的意圖，選擇下一步的行動。

陷入負面思緒之中，會阻礙你去做重要的事情，例如關注你的孩子。請讓這個跳脫無益想法的練習，變成一個規律的練習。

「覺知」與「承認」這兩件事能成為改變家庭文化的強力方法，請養成習慣，說出你的所見，開始認知到實際上所發生的事，包括與孩子或你的感受有關的，或靜心期間發生的事，那麼，一種真正的清明會隨之而來。**正念會給予我們空間，讓我們得以選擇接下來要說的話。**

減少壓力反應的教養基礎

在我們做出壓力反應之際，就是最糟糕的教養時刻。一旦壓力反應繞過我們大腦中理性與同理的區域，使得拙劣的命令、威脅與吼叫隨即脫口而出，就會將孩子推得遠遠的，長期下來，他們就更不可能與我們合作。

儘管大腦迴路的反應設定，在緊急情況發生時十分管用，但是在絕大多數的時間裡，讓壓力反應冷靜下來，反而會讓我們成為更有效率、更體貼的父母。正念靜心是一種經過研究證實的方法，能隨著時間一點一滴打造出不輕易做出壓力反應的「肌肉」，因此是一個基本的技巧，能讓你在生活各個領域都更清晰地思考。你無需在正念或初學者之心的練習方面盡善盡美，只需注意這些技巧如何改變了你為人父母的經驗即可。

在下一章，我們將深入探討「自我覺察」這件事，檢視我們過去如何接受教養，以及塑造我們現今教養方式的故事。你將學會如何看見那些觸發自己的壓力反應的事件，並獲得一些工具來幫助你在情緒激動時鎮定下來。

現在，開始實際練習吧，別讓它淪為心智活動，你可以辦到的！

本週要做的練習

- 正念吃葡萄乾。

- 正念靜坐五到十分鐘，一週四到六天。
- 以正念進行日常的活動。
- 初學者之心練習。
- 承認事實的練習。
- 跳脱負面思緒。

第2章 解除你的引爆點

預測一個孩子是否幸福的最佳指標，就是父母的自我了解程度。

——丹尼爾．席格（Daniel Siegel）

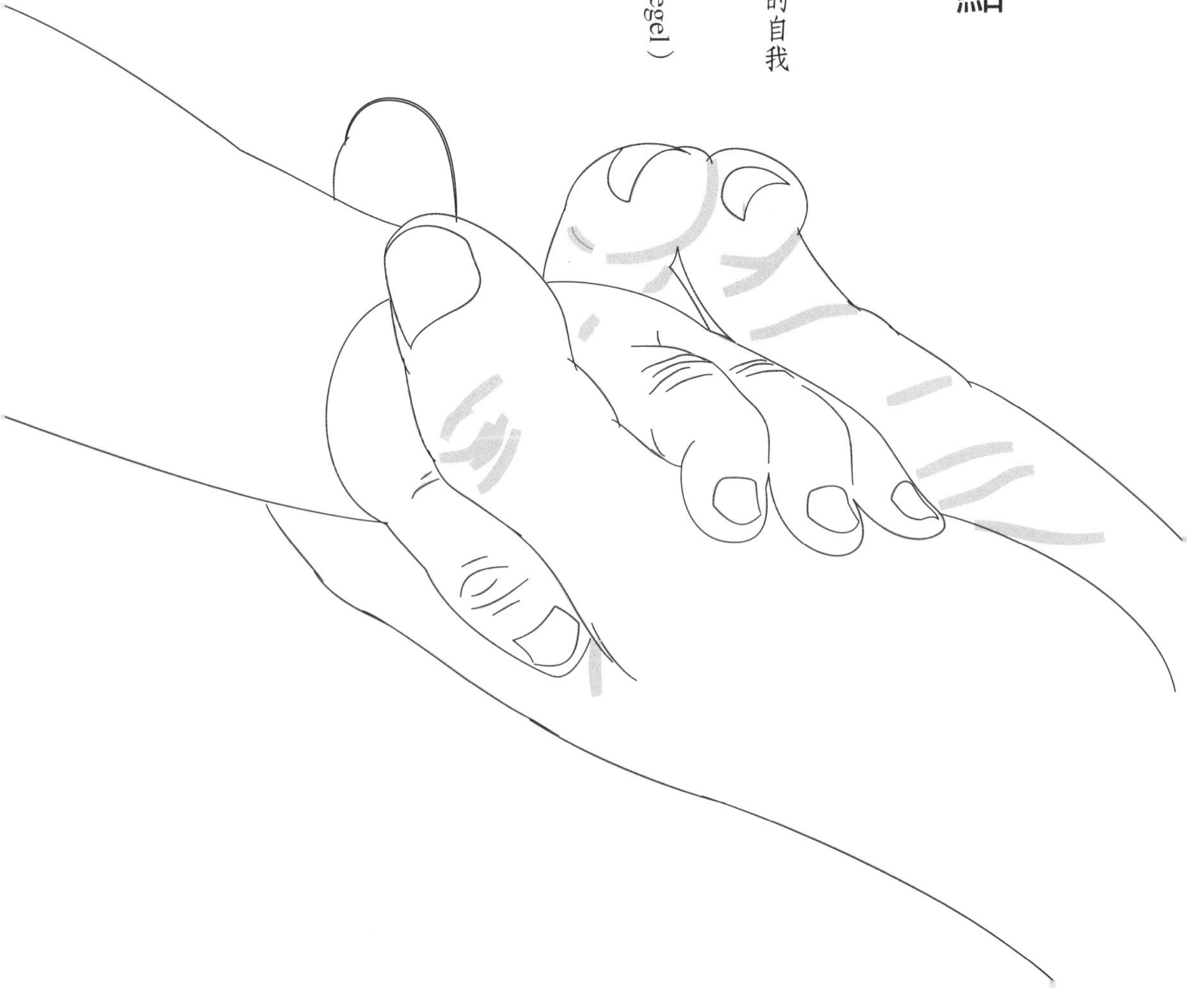

對於你自己的父母，或許你有許多美好的事物想要傳承給孩子，例如種種創意與鼓勵、開放而誠實的討論，以及母親特殊的鬆餅配方等等。至於壓力反應？暴怒？嗯，這就免了。

一旦你建立起穩定的靜心習慣，可以預期的是，你的壓力反應將會隨著時間逐漸減少。這個習慣大大幫助了我處理暴怒問題，但是你可以進一步挖掘出內在的「禪性母親或父親」。在這一章，我會和你分享一種練習，協助你理解為何自己的情緒會被引爆；我們也會在實用的基礎上，談談如何減少吼叫的頻率。此外，你也會學到更多練習方法，來幫助你在想要發火的時候冷靜下來，減少做出壓力反應。

孩子掀開了父母內在的東西

教養過程的頭幾年，我們可能會覺得自己好像失去了理智，持續處於緊繃的心理壓力下。我們又回到了「父母－孩子」那種關係裡，很難去確認自己到底背負了多少過去的包袱。

我的女兒不聽話的時候，就掀起了我內心尚未解決的「覺得自己說話沒人聽見」的問題，但是在那個當下，我根本不知道發生了什麼事。憤怒會突然湧上心頭，而且自從我長大之後，就不曾再有過這種感覺。在我進行挖掘工作，了解到底是什麼引爆了這些反應之前，我會責怪女兒。

「她」到底哪裡不對勁了？為何不聽我說話？顯然都是她的問題。

如果我能校正「她」的行為，一切就會更好，對吧？

孩子就像個小小靈性大師，擁有一種神秘的能力，能揭發父母心中尚未解決的問題。在你的教養經驗裡，是否有什麼事會讓你抓狂？那就是你的內在工作。

你想要在個人成長上大躍進嗎？和學齡前兒童相處六個月，保證比你獨自隱居山頂數年更有效，還可能是一條通往開悟的快速道路。

先拋開這些挖苦的說法吧！一種大有助益的做法，是將我們在教養路上遇到的難題與挑戰，視為一個癒合舊傷口的機會。父母內在的傷痛若能獲得療癒，就能為孩子呈現更加處於當下的自己，那麼在孩子覺得受傷的時候，父母才能真正在當下為孩子帶來安慰。療癒舊傷口也有助於讓父母以疼惜的態度堅守界限。

本章，我們從丹．席格博士的一句話開始：「預測一個孩子是否幸福的最佳指標，就是父母的自我了解程度。」這句話的意思是，我們唯有了解為何自己會有如此激烈的反應，亦即到底有什麼舊模式或舊傷口被觸動了，我們才能開始痊癒，同時選擇一種不同的存在方式，不再重複那種功能失調的家庭相處模式，進而有機會防止自己在不知不覺中將這個包袱傳遞給孩子。

丹．席格與瑪麗．哈柴爾（Mary Hartzell）在《由內而外的教養》（*Parenting from the Inside Out*。譯註：臺灣中譯版書名為《不是孩子不乖，是父母不懂》，此處將原書名直譯，較符合本章脈絡）一書中，優美地敘述解釋了這個概念：

未解問題的突然闖入，可能會直接影響到我們認識自己的方式，以及與孩子互動的方式。當未解問題在書寫著我們的生命故事……我們將不會在「如何教養孩子」這個問題上，做出深思熟慮的選擇，而是會根據過去的經驗自動做出反應……我們通常會試圖控制孩子的感受與行為，但其實引發自己對孩子的行為感到沮喪的，是我們自己內在的經驗。

我敢打賭，你一定記得有許多次孩子說了或做了什麼，引發你的激烈反應，當時你內心的反應似乎小題大做了。我自己就有過好幾次這樣的經驗，我們都曾經歷過這些。

清楚看見你的問題

了解自己的情緒為何被引爆，有助於讓你做出更深思熟慮的回應。若缺乏覺察，你將會根據舊有的制約來反應，而那就是你父親或母親的聲音從你口中脫口而出的時候。舉個例子，假設你從小接受的教養，就是相信小女孩應該看起來乾乾淨淨、漂漂亮亮的，那麼你就會理解，當你女兒光著腳丫走在泥濘的地上，還喜滋滋地拿泥巴在臉上亂塗時，你的大腦為何會抓狂了。要了解，這種不安是你自己的東西，而不是女兒的，那麼你就可以練習一些克制自己的方法（慢慢深呼吸），並切斷這些讓你覺得羞恥，且導致你責怪孩子的有害舊模式了。

透過你的靜心練習，以及即將在本章所做的練習，你會開始了解自己何時是處於當下，並做出深思熟慮的回應，何時又是從舊有的制約來反應。你會增強自己的自我覺察能力，長期下來，這絕對能讓你的教養過程變得更輕鬆。**了解你自己的反應是來自自己內在的東西，能幫助你在許多教養的情境裡後退一步。**面對灑出來的果汁，與其大聲吼叫，不如嘆口氣就好，然後做幾次深呼吸，甚或走開一下子，讓自己恢復平靜。然而，要記住的是，**我們的教養都是部分帶著覺察，部分缺乏覺察的，那沒有關係。**你的目標只是單純地一點一滴、一天一天地增強自我覺察，不要期望自己會轉變為一個開悟的完美父母。

珊姆的故事

珊姆暫時辭去大學招生顧問的工作，待在家裡照顧兩歲的女兒和一個襁褓中的兒子。

有一天下午，她剛剛將家裡打掃乾淨，女兒便在廚房將柳橙汁灑了一地。珊姆頓時情緒失控，不斷想著：「我不敢相信自己才剛花了時間和金錢清理好這間房子！而她甚至連一聲對不起都沒有說！」

她做了以下的練習之後，發現是自己的舊傷口在驅動著她的許多感受與行為。她的引爆點是什麼？完美主義。珊姆在成長過程中，一直相信外表非常重要。她突然了解到，自己對女兒灑出果汁這件事的反應太小題大做了。回顧自己所接受的教養後，珊姆已經可以看見，自己的憤怒是源於自身的制約。

當女兒不立刻聽她說話時，珊姆還發現另一個覺得自己不被聽見的舊傷口；她領悟到，自己覺得被忽略、不被看見。她花了一點時間挖掘出這些問題後，想起家人曾不斷告訴她，不要

「那麼敏感」，要「強硬起來」。她的感受驅使她以帶有侵略性與惱怒的態度，對情況做出超乎常理的激烈反應。她知道，如果自己對這些問題繼續保持無意識、持續未解決，就會將這個包袱傳遞給女兒。

如果我們從來不曾好好注意自己的傷口與引爆點是什麼，就會繼續按照過去的習慣來反應，還可能將自己的傷痛傳遞給孩子。清楚意識到這些傷口，能讓我們自己扛起這個包袱，而不至於讓它代代相傳。

我們可以將它視為一次療癒傷口的機會，這不光是為了自己，也是為了往後的世代。

回顧你的童年生活

你不需要重複父母或祖父母的模式，而檢視自己的童年能幫助你超越過去的限制。雖然你可能會在回顧童年時，發現許多想要傳承給孩子的正面種子，但你也可能度過一個艱苦的童年。那些傷痛或難題，可能會變成你做出激烈反應的催化劑，但也造就了你現今擁有的力量與韌性。更深入的自我覺察，能讓你對自己和他人產生更大的疼惜心，也能賦予你一個做出新選擇的可能性，選擇一個有別於盲目重複過去的新方式。

準備好了嗎？接下來的這份練習題，能幫助你開始了解自己的童年經驗如何影響了你。不要跳過這個部分！你可能會想，我已經思考過很多關於童年的事，我不需要，那你就錯了。

透過探討過去所獲得的新視野，能引導你獲得關於自己的新資訊。

練習題：你是如何被教養的？

寫出下列這些問題的答案，有助於釐清你對自己行為的理解，清楚看見自己將什麼東西帶進親子關係中。

這可能是一次極為深刻且令人情緒激動的練習。給自己一段時間來消化這些資訊，可以出去散個步、睡個覺等等，然後寫下你做這份作業的心得。和你信任的朋友或治療師談談你寫下的內容，也是個很好的主意。

- 你的家人有誰，和他們一起長大的感覺是什麼？
- 在小時候，你跟父母是如何相處的？隨著時間過去，你們的關係出現了什麼樣的變化？
- 你是否曾覺得自己遭到父母的拒絕或威脅？童年時期，你是否曾有過痛苦沮喪的經驗？這些經驗是否繼續影響著你的人生？
- 當你還是孩子的時候，父母如何管教你？年幼的你如何回應？你覺得那對你現在為人父母的角色有何影響？
- 你是否記得自己最初與父母分離的情況？那是什麼樣的感覺？你曾有過和父母長期分開的經驗嗎？

- 當你覺得痛苦沮喪或犯錯的時候，父母如何回應你？這讓你有什麼樣的感覺？你父母使用什麼樣的語言？當你很快樂或興奮的時候，他們如何回應你？
- 你的童年經驗如何影響了成年後的關係？你是否發現自己會試圖避開一些行為舉止，只因為童年時期發生過的事。你是否有一些行為模式是自己想要改變的？
- 整體而言，你認為自己的童年對成年後的生活產生了什麼樣的影響？包括你看待自己的方式，以及你與孩子建立關係的方式。對於你理解自己的方式，以及與他人建立關係的方式，你想要做出什麼樣的改變？

最重要的是，請記得這件事：隨著你得知越多關於自己的事情，而且更加覺知到過去或當下的缺點之後，感到羞恥或責怪自己並不會有任何用處。在這個學習過程中，要對自己培養和善與疼惜的態度。你回答這些問題時所獲得的洞見、對於答案的反思，以及與信任的人分享這些答案等，都能幫助你看清楚自己所提出的見解。如果這感覺起來好像有很多問題，請不要感到絕望！雖然童年的事件在當時看來似乎意義不大，但此刻已經成年的我們，可以理解它的意義，了解它如何影響著我們。解決過去的傷痛，有時意味著我們必須面對伴隨而來的難受情緒。

在你試著回答上述問題時，歡迎隨時跳到第四章，我會在該章提供更多處理難受情緒的工具。你可能想要寫一封信來正式結束舊傷口，我在本書第七章提供了一份「重新開始的信」範本，療癒效果極佳。

當你準備好檢視這些問題，去了解它們如何影響你的生活時，你便已經踏上了療癒與成長的道路。在接下來的部分，我們會審視自己目前是如何回應那些棘手的教養時刻。

平撫你的引爆點

在我女兒兩歲前後的日子裡，每當我一生氣，內心就充滿深深的罪惡感。我到底有什麼問題，怎麼會對這個無辜的孩子發脾氣呢？和許多人一樣，我受到了制約，相信生氣是一件壞事，而且（尤其是身為女人）我不應該像那樣生氣。很遺憾的是，我們經常因為出現強烈情緒而嘲笑自己或他人，但那就像是苛責一個在呼吸的人。假如我們無法感受到情緒，包括像憤怒那樣難受的情緒，就不是一個會呼吸的、活生生的人類。嬰兒、其他哺乳類動物，甚至是爬蟲類，都能感受到憤怒！因此，與其因為自己覺得憤怒而貶低自己，不如讓我們好好了解這件事吧。

了解憤怒之火

憤怒是人們最強烈的情緒之一，它對內與對外所造成的殺傷力是很可怕的。我們若透過進化的濾鏡來審視，便能看見它的功能是幫助人們清除阻擋在面前的障礙，它告訴我們：「這個情況裡有某個東西需要改變！」**憤怒是促成行動與改變的強大推動力，它可以是有益的。**

憤怒有個有趣的特色，就是它能將我們牢牢控制一陣子。在我們獲知的所有資訊，都已確認或證明了我們所感受的憤怒情緒是正確的時候，就會出現一段「執拗期」（refractory period），這就是我們因為憤怒情緒而在幾分鐘、甚至幾小時的時間內變得「盲目」的原因。憤怒的能量通常會被引導至外在，驅策著我們去責怪，做出侵略性行為、懲罰或報復等。我們會誇大那些成為憤怒目標之人的所有負面特質，對其任何的正面面向視而不見。

憤怒經常被稱為次要或「冰山」情緒，因為它底下是一連串驅動著它的其他感受：恐懼、悲傷、尷尬、拒絕、批判、壓力、精疲力竭、焦躁等。因此，當你的孩子在公眾場合做出情緒失控的行為，尷尬情緒可能會觸發你的憤怒，引爆一個在家族裡代代相傳的反應模式。

重要的是要了解，童年時期扎根的想法和信念，可能會引爆我們的憤怒。那些具有文化約束力的想法，例如「小孩子應該服從父母」，以及「如果孩子尊敬你，他們就會聽你的話」等概念，可能會在許多教養場景裡讓你感到不安，而你甚至不會覺察到這一點。本章稍早前提出的「你是如何被教養的？」那些問題，能幫助你發掘其中一些無意識的劇本。你的正念靜心也能增強你對自己想法的整體覺察，包括可能埋藏在憤怒底下的一些潛意識思緒。

當吼叫變成解決問題的方式

當孩子讓我們覺得受不了、怒火中燒的時候，大多數的人會發現自己忍不住大吼大叫，尤其是當這種情況發生在自己的孩提時期，父親或母親也會用吼叫來控制局面及支配我們的話。然而，這種做法無法解決當下的問題。吼叫或許可以讓孩子安靜下來，讓他們暫時服從你，但長期來說，無法糾正他們的行為或態度。

吼叫的做法幾乎會立刻觸發孩子大腦裡的恐懼中心，導致壓力反應，而那種反應和我們在前一章檢視自己內心時看見的反應一樣。吼叫會觸動邊緣系統的警鈴，讓孩子變得警覺、自我保護，他們的壓力反應會繞過大腦上部，導致他們做出反擊、回嘴、退縮或逃跑的行為，而不是從當下時刻學習。**在這樣的時刻，他們並不是「行為不端」，而是正在經歷壓力反應。**

因為壓力反應的關係，孩子無法靜靜坐著、專注或學習。在我們想要孩子學習改變行為的時刻，吼叫是會造成反效果的做法。再者，研究指出，吼叫會加強孩子在身體和語言上的侵略性，因此，無論就短期或長期效果而言，都會對他們的行為造成不良影響。

吼叫也會侵蝕親子關係。由於孩子合作的動力，來自父母與他親密連結的關係，但吼叫的行為會損害父母成功引導孩子做出更巧妙選擇的能力。如果父母經常吼叫，孩子可能會漸漸變得怨恨父母。他們會開始吼回去，可能是對父母，甚或對自己的同儕或手足，因為父母已經做出了示範，讓孩子認為吼叫是獲得自己想要之事物的手段。此外，令人難過的是，孩子有時會認為對著他們吼叫的父母不愛他們，而這可能會使得他們一輩子自尊低落。

話雖如此，請不必擔心；你不太可能透過吼叫而對孩子造成傷害。每個人有時都會吼叫，我們以後偶爾還是會這麼做，因為我們是人。但隨著你越來越覺知到吼叫造成的問題，我邀請你將「較少吼叫」設為目標。你若想訓練自己不做出壓力反應，正念靜心練習能幫助你達成目標。

記住，你練習什麼，什麼就會變得更強大。

認出你的引爆點

如同我們在前一章談過的，我們（以及神經系統）是人類為了察覺威脅而歷經成千上萬個世代所演化的產物。我們並未選擇讓自己的神經系統對艱困的情況做出壓力反應（例如，我們通常不會選擇吼叫）。再者，我們童年早期發生的、自己可能不記得的事件，也能引爆一場情緒反應，擊潰大腦制服邊緣系統的能力。

我們的情緒反應可能具有良好的功能，也可能功能失調。如果我們體驗到憤怒，然後利用自己的能量去組織一個團體，致力於社會行動，那麼我們的反應就發揮了良好功能，而如果我們傷害自己或他人，便是處於憤怒功能失調的那一面了，而且要面對的可能是由舊創傷的劇本所引爆的反應。

了解我們的情緒為何會被引爆，對我們有很大的助益。你的孩子按下的那些「按鈕」是什麼？在接下來的練習題裡，我邀請你想一想，是什麼觸發了你的憤怒情緒，以及你如何做出習慣性反應。

練習題：引爆點與反應

是什麼引爆了你的憤怒？在你的日誌裡，列出你最敏感的引爆點。

常見的引爆點

- 覺得受到誤會或覺得矛盾。
- 對情況缺乏掌控。
- 覺得有人對你感到不高興。
- 覺得不受尊重，或有不公正的事發生。
- 被排除在外。
- 疲倦，身體不舒服。

你對憤怒最常出現的反應是什麼？列出你最常見的反應。

常見的反應

- 責怪和（或）怨恨。
- 傷心，精神萎靡。
- 離開那個緊張的處境。
- 發出諷刺或被動攻擊的言論。
- 侮辱他人。
- 避免眼神接觸。

● 為不愉快的處境建構一個故事。
● 打斷他人的說話。

一旦你能夠認出自己常見的引爆點和反應，便可以開始注意它們如何在日常生活中浮現，例如，當我們了解到棘手處境中那個「缺乏掌控」的引爆點正在浮現，便能夠準備好打斷習慣性的自動運作反應。

覺察到自身引爆點與憤怒的內在經驗，能幫助你在它出現時更快逮到它。在下一個練習題裡，我們會進一步深入這份對自身反應的覺察。

追蹤你的引爆點

我要請你花一整個星期的時間，追蹤你每次吼叫或想要吼叫的時刻。你的目標不是去改變這個行為，而是去了解它們從何而來？是什麼樣的情況觸怒了你？為何這樣的情況會引發你的壓力反應？你收集在日誌上的所有資訊，將會為你提供洞見，讓你知道自己可以在例行工作、照顧自己或周遭環境上做些什麼樣的改變，以減少自己吼叫的頻率。席拉．麥克葛雷斯（Sheila McCraith）在著作《少吼點，多愛點》中，對如何追蹤引爆點提供了很棒的建議。她提醒我們要留意細節、忠於真相，並且全心投入，甚至在你覺得自己已經擁有足夠資訊時，也要堅持追蹤下去。

覺察是做出改變的關鍵基礎。

練習題：追蹤你的引爆點

花一個星期的時間追蹤你每次吼叫或想要吼叫的時刻。你可以將每次發生的過程寫下來，也可以做一張圖表，將它放在隨手可得的地方，以便隨時取得必要的資訊。

要追蹤的資訊

1. 你吼叫的對象
2. 發生的事件（表面引爆點）
3. 你的感受（深層引爆點）
4. 是否有人感到疲倦或匱乏
5. 你原本可以有的不同做法

了解到自己有多常吼叫之後，你可能會覺得非常氣餒。在你做這個練習時，我想要你記住，你絕不孤單，因為強烈的情緒是身為人的一部分。沒有人期望你做一個完美的人，你的孩子也不需要你完美。事實上，當你犯了錯並重新來過，你的孩子將會從你身上學習到如何成長，並變得更有韌性。

如何減少吼叫

如果我半夜的睡眠被打斷，我會瀕臨失控邊緣，幾乎每一次都是如此。我的杯子幾乎是空的，因此當我以更有同理心的方式深入挖掘自己的內在，試圖找到一些資源來幫助我處理孩子發脾氣的問題時，我的內在卻空無一物。若我們無法滿足自己的需要，便沒有東西可以給予了。

減輕你整體的壓力

減輕我們整體的壓力程度，或許是減少吼叫效果最好的方法。當我們睡眠不足，或是背負太多責任，或當我們不停地趕著將待辦事項清單裡的項目一件件清除，或是對自己說了一些負面的話的時候，就更可能對孩子情緒失控。

這就是為何「自我犧牲的父母」這個概念是如此狡猾的其中一個原因。當我們不斷犧牲自己的需求，只為了成全孩子的需求，其實是雙輸的。我們的孩子輸了，因為他有一個經常瀕臨崩潰邊緣的不理性父母；我們也輸了，因為無法享受自己的生活與孩子的陪伴。我們還會讓這個有害的模式延續下去，有效地將這個責任推卸給下一代。

以上描述是否有任何部分非常接近你的真相，而讓你感到不舒服呢？如果有，我邀請你在日誌上寫下心中「好父母要為孩子犧牲自己」這樣的信念從何而來。當你開始賦予更多覺知在這個（經常是潛意識的）信念上，就能打斷這個模式，做出全新的選擇。

我希望你明白，**照顧自己並不是自私的行為，相反地，那是你身為父母的責任**。請對你生活中的壓力程度負起責任，做出一些選擇來減輕整體壓力。

有許多書籍都在談論減壓議題，但在，要降低你的整體壓力程度，以下是必須做的事情當中，最重要的三件事（除了正念靜心以外）：

- **規律的運動：**運動對你的身心兩方面都至關重要，它能為壓力提供一個出口，幫助你的身體釋放腦內啡，從而增強整體的幸福感。找出你覺得好玩的運動，讓自己努力投入吧。
- **要有充足的睡眠：**睡眠不足會對你所做的每件事與各種人際關係產生負面影響。你可以做許多事來改善自己的睡眠習慣，例如利用時間管理策略努力騰出更多時間，或使用一些放鬆技巧來幫助你入睡，讓你在整個夜晚都獲得優質的休息。
- **留點時間給朋友和家人：**社交的支持能讓你更健康、更快樂，為你創造一個緩衝區來對抗壓力。當你難過的時候，親友能扶持你；在你困惑的時候，親友能為你提供洞見；在你需要宣洩情緒的時候，親友能幫你找樂子。請將時間優先留給你的至親好友。

固定的正念靜心修習，能為你減輕壓力，它也會在你沒有從事靜心的時間為你服務，幫助你中斷那些讓你沉浸其中的想法（也就是你習慣性一再反芻的、會引發焦慮的想法），讓你變得更處於當下。你可以一天做幾次短版的靜心來幫助減輕壓力，也可以在睡前靜心來幫助入睡。

滿足自己在睡眠、練習、靜心，以及和朋友相處方面的需要，都是讓為人父母者擁有一個更快樂生活的關鍵因素。此外，你也為孩子示範了一個如何過生活的榜樣。是的，你自己的需求有時候可以延緩，但嬰兒的不行，然而你不該無限期地這麼做。你正在過一個想要讓孩子學習的生活。你的孩子是否正在學習如何以健康的方式照顧自己和自己的需求呢？或者他正在學習缺乏自尊與自我價值呢？你想要孩子學習哪些呢？

在情勢緊張時滅火

做正念靜心並減輕整體壓力，能降低你被引爆怒火的機率，但偶爾你仍會有難以避免的情緒失控瞬間。在那樣的時刻，你該怎麼做？

憤怒很狡猾，因為無論你是將憤怒表現出來或是壓抑它，都要付出代價。壓抑它只是延緩了問題，讓它默默地在表面下悶燒，對你的身體進行報復及破壞。但是，如果我們將它表達出來，就必須冒著傷害至親的風險。該怎麼辦呢？幸好，我們有第三條路可以走。

憤怒是一股需要流經身體的能量，因此，我們可以帶著正念注意那個感覺產生了，然後讓憤怒的能量經過我們。我喜歡把這種做法稱為「照顧」憤怒：我們藉此釋放憤怒能量，並鎮定神經系統。

我們將練習如何避免做出自動運作反應，而是做出新的回應。這些回應不會占據太多時間，有時只有幾秒鐘，但起碼和吼叫的時間一樣多，然而，你的新回應就像是你必須勤加鍛鍊的肌肉。剛開始的時候，以新方式做出回應可能很難，但是你與孩子的連結，以及孩子與你合作的意願都會因此增強，這樣的報酬絕對值得。

走開一會兒

在你快要情緒失控時，神經系統會感知到威脅或阻礙出現了，所以你必須讓身體和大腦都知道自己當下是安全的，而其中一種做法就是離開現場（註：因為你把孩子當成威脅）。只要你的孩子是安全的，不需有人看顧，你走到隔壁房間，總比對孩子大吼大叫好多了吧？

在我的女兒還很小，可以睡嬰兒床的年紀，每當我因為她不聽話而處於爆炸邊緣時，就會將她放在那張嬰兒床上，然後離開她的房間，走到我自己房間的陽臺，同時關上門，讓自己好好喘口氣並冷靜下來。

在快要情緒失控時走開一會兒，是一種巧妙的選擇。

對自己說話，讓自己冷靜下來

我們可以告訴自己：「這不是緊急狀況，我可以處理。」以便讓神經系統知道我們很安全。說出這些話，有助於讓語言相關的前額葉皮質重新上線，減緩當下的壓力反應。你可以試著說：「我在幫助孩子。」藉此提醒你的神經系統，你的孩子不是威脅。這些方式是運用思考的力量讓身體鎮定下來。

甩掉它

記得嗎？壓力反應會造成血壓升高、肌肉緊繃，讓你的生理系統處於備戰狀態！當你生氣的時候，憤怒會在身體系統裡累積過多能量，你必須將它們釋放。別想要打枕頭或大吼大叫，因為你練習什麼，什麼就會變得更強大。

你可以試著把它甩出來，實際抖動你的手掌、手臂、腿，以及整個身體，以此釋放能量。眾所周知，許多動物一天都會抖動身體數十次，以清理壓力造成的負擔。幼童也知道這一點，他們會自然地抖動或扭動身體以甩掉緊張。

你會看起來很蠢，但感覺很棒！事實上，如果你能嘲笑自己，那又是個美妙的額外紅利，因為歡笑是憤怒的相反面！

做個瑜伽動作

瑜伽是一種有效的身體與呼吸練習，能鎮定神經系統。一種釋放能量的簡單方式是做前彎動作，這具有安撫、鎮定的效果：從膝蓋微彎的立姿開始，接著頭朝下，整個身體放鬆地前彎，像一隻布偶貓一樣。或是利用「嬰孩式」讓自己感覺更落實：先採取跪姿，腳掌併攏，膝蓋打開，身體往前彎，將額頭靠在地板上，兩隻手臂往前伸展，放在你的前方或側邊。這些姿勢能切斷我們與外在的牽扯，幫助我們專注在內在。

用力吐幾口氣，以達到清理效果，這也是一種消除緊張的有效方式。

呼吸

叫人「深呼吸」是一句老生常談的話了，但它真的管用！深沉的呼吸能讓你增加身體的氧氣含量，告訴神經系統一切都「沒事」，也能減緩你的心率，創造出鎮定和放鬆的感覺。

練習題：透過呼吸消除緊張

現今有許多種呼吸技巧，這裡介紹的是兩種讓你消除壓力反應，進入休息與放鬆狀態的技巧。請練習這些深呼吸技巧，讓自己在一天的任何時候都能立刻消除緊張感，那麼當棘手的時刻來臨時，你才能迅速地想起要怎麼做！

三段式呼吸法

這種呼吸也稱為「完整呼吸」，有助於激發鎮定與放鬆的感受。每一次的吸氣和吐氣都分為三個階段，每個階段之間只有非常短的暫停。

1. 慢慢透過鼻子吸氣，將空氣帶進肺部深處（填滿腹部），然後暫停。
2. 接著，再吸入更多空氣，讓它填滿胸腔，然後暫停。
3. 下一步，將空氣填滿胸部到鎖骨之間的部位，然後暫停。
4. 從鼻子吐氣，放鬆胸部，慢慢地吐出鎖骨下方部位的空氣。
5. 接著，放鬆胸腔，釋放更多空氣。暫停。

6. 最後，縮肚子，釋放剩餘的空氣，完成吐氣過程。
7. 重複四次，或視需要重複更多次。

五八呼吸法

數息能迫使心念專注在當下，將注意力從感知到的壓力因子轉移開來。這種深呼吸法能幫助我們將身體鎮定下來。

1. 一邊慢慢從一數到五，同時一邊從鼻子深深吸氣。
2. 一邊慢慢從鼻子或嘴巴吐氣，一邊從一數到八，最後完成吐氣。

重複四次，或視需要重複更多次。

創造你獨一無二的計畫

我們在棘手的教養時刻該如何回應，就跟每個人及其故事一樣各自相異。在你的成長過程中，父母可能會在生氣的時候退縮或做出被動攻擊，或是你也可能會重複世代相傳的成年人發脾氣模式，像我一樣地吼叫。由於我們的經驗各不相同，因此並沒有一個單一尺寸、適用全體的完美解決方案，來讓每個人減少吼叫頻率。

在下一道練習題裡，你會看見一套新的工具，它能幫助你在自己通常會吼叫的棘手處境下，以更巧妙的方式做出回應。

你將會在本書的第二部學習到特定的溝通技巧，但是現在，你可以透過制定計畫，先行對你的新回應方式做出承諾。

練習題：制定減少吼叫的計畫

勾勒出你在與孩子相處的棘手處境下，想要做出的理想回應。若能事先承諾自己會做出這個選擇，便能在你生氣時大大增加成功的機率。從下列回應中選出一組，然後在你的「正念教養」日誌中寫下計畫，或是將它張貼在隨手可得的地方。

- **告訴自己，自己很安全：**這不是緊急事件，我可以處理。
- **編一個咒語，讓自己能正確看待問題：**當你覺得自己快爆炸的時候，重複這句話數次，例如：「他才一歲，他才一歲，他才一歲……」或者「我不需要贏，我可以留一點面子給她。」或者「選擇愛」等等。
- **為自己編一個咒語：**提醒自己，你可以選擇讓自己保持冷靜。一些有幫助的咒語如下：

「我是忍者老媽。」

「孩子一開始吼叫，我就會變得更冷靜。」

「心如止水。」

「我選擇心平氣和。」

「放鬆，釋放，微笑。」

「這會過去的，呼吸。」

「保持和善態度。」

「事實就是如此。」

- **休息一下**：如果你知道自己快要情緒崩潰，而且已經忍無可忍，請將你的寶寶或孩子放在一個安全的地方，例如遊戲圍欄區或嬰兒小床裡，然後離開幾分鐘。
- **五八呼吸法**：吸氣，從一數到五，然後再從一數到八完成吐氣。（詳見前一道練習題。）
- **吐一大口氣**：這有助於放鬆。重複至少五、六次。
- **「冷靜、平和，微笑，釋放」**：利用這個節奏來幫助你正念呼吸。吸氣的時候，想著「冷靜」。吐氣的時候，邀請「平和」進來。吸氣的時候，想著「微笑」。吐氣的時候，想著「釋放」。
- **正念走路**：刻意地緩慢走路，透過呼吸釋放你的憤怒與挫折。吸氣時一隻腳踏出去，吐氣時再將另一隻腳踏出去。帶著正念走路，釋放身體的緊張。
- **像老師一樣思考**：不要將孩子的不良行為視為衝著自己來的，反而要將它視為一個學習的機會。問問自己：我的孩子需要學習的是什麼？我要怎麼教導他這一點？
- **改用耳語**：人在說耳語時，不太可能聽起來怒氣沖沖的，這麼做有助於讓你對當下處境報以幽默感。
- **用滑稽的聲音說話或扮演某個角色**：轉換你的能量，變成一個機器人！

- **繃緊肌肉，再將它放鬆：**這麼做能讓自己冷靜下來。
- **將身體放軟，做「嬰孩式」：**見本章前面的「做個瑜伽動作」部分。
- **等待十分鐘，或二十四個小時：**先等十分鐘，甚至等到明天再回來和孩子談談不恰當的言行，都是可以的。
- **請求另一位大人的協助：**暫時離開當前的處境，好讓自己冷靜下來。

如果你還不熟悉這些工具，可能一開始會覺得運用起來笨手笨腳。請容許自己「弄假，直到成真」，因為隨著你不斷練習，會在大腦裡刻畫出新的神經傳導路線。記住，你練習什麼，什麼就會變得更強大。

從前面的工具裡選出三、四種，規律練習，讓自己養成一個新的回應習慣。如果你一時想不起自己的新計畫，也別擔心，我們在此要做的是讓保持覺知的時刻提前發生。起初，你可能會在自己吼叫之後，才想起這個新計畫，那是很正常的，只要繼續努力即可。你可以在屋子裡到處放一些小提醒（我是便利貼的愛用者）。

只要你持續努力，持續提醒自己，不斷立定不吼叫的目標，然後你會在吼叫到一半的時候想起來，最終在吼叫之前想起來。

當我們開始照顧憤怒的能量，讓它經過，就能在與孩子相處時，以及孩子出現強烈情緒時，更加處於當下。**如果我們能夠在煩亂的情況下，讓自己保持理智並陪伴孩子，就是在為孩子示範著強烈情緒並沒有什麼「錯」，那只是身為人的一部分。**

接著，請看看我的正念教養學生薇拉瑞，分享她如何在這方面獲得精彩勝利的故事。

薇拉瑞的故事

今天，我的三歲孩子瀕臨崩潰時，我有了一次領悟。他試圖破壞東西，不管抓到什麼都亂丟一通。我必須切換到自己練習的模式，說著：「我不能讓你受傷，我不能讓你破壞那個東西。」同時保持冷靜，一邊阻擋他，一邊確保他的人身安全。我使用了一個咒語：「我正在幫助你。」但是經過五分鐘後，我可以感覺到自己心中的怒火已經開始燃燒。

我查看內心，注意到一個舊模式（我一直對它有所覺察），也就是不接受孩子的強烈情緒，同時又評斷他的行為，認為他的行為是衝著我來的。這時，我得以重新恢復冷靜。

他繼續在鬧脾氣，幾分鐘之後，我感覺到自己又開始憤怒，便再次檢查內心，這次我了解到，自己在想著：「為何現在他是這個樣子？是我做了（或沒有做）什麼嗎？」「我要怎麼做得更好？呃，我一定做錯了什麼……」

那一刻，我突然明白，沒有什麼要苦苦思索的，也沒有什麼要做的；我唯一能做的，就是讓自己處於當下、全心全意與孩子同在、不為他的鬧脾氣對他妄下評斷，然後向他展現愛。或許孩子只是午餐沒吃飽，一直處於飢餓狀態，而我領悟到那不是我的錯！

事情就只是如此。孩子只是用比較激烈的方式，在釋放他的挫折感罷了。不斷質疑自己、評斷自己，只會導致我在當下做出壓力反應，而非處於當下。我可以只是接受他現在的情緒樣貌，而不去小題大作。（我正在學習放掉「我一定哪裡不對」的念頭）。在那樣的時刻，我必須專心呼吸，然後提醒自己，除了集中注意力接受他的樣子，保護他的安全，維持界限，不讓他因沮喪而破壞東西之外，別無他處可去，也別無他事可做。呼！我挺過了，這場風暴過去之後，我們又能夠溫馨地一起依偎在沙發上了。

馴服你的脾氣，有助於讓親子關係變得更親密。你在練習使用這些工具時，會給予孩子一些大多數人從未有過的東西，也就是如何照顧憤怒能量的示範。如果你能在孩子出現強烈情緒時處於當下，而非對他的情緒感到羞恥，那麼孩子便能發展出健康的情緒智商，知道擁有所有的情緒都是沒關係的。你將能改變家中的互動方式，漸漸創造出一種平和、放鬆的氛圍。

解除你的引爆點，變得更處於當下

當一個情況引爆了我們內在的憤怒時，大多數人都未被教導該怎麼做，因此當它難免發生時，我們就會變得不知所措。我們多半會以父母慣常的方式做出反應：吼叫，然後情緒失控。

學習如何照顧自己的憤怒，是一個效果強大的練習。如果我們學習從自己開始做起，那麼這會是一筆買一送一的交易，因為我們同時也為孩子示範了具有疼惜心又有效的情緒管理方式。

我們可以從多種不同的角度來切入自己的憤怒。我們想要了解自己的孩子，也想開始了解自己的引爆點到底從何而來。我們必須確保自己在整體上沒有太多壓力，因為那會導致我們對孩子大吼大叫。我們可以運用工具來鎮定自己的身與心，檢視自己獨一無二的處境，然後制定一套個人計畫，力求以更健康的方式對自己的引爆點做出回應。最後，我們可以練習使用一些工具，在心中浮現的感受尚未升高至憤怒或暴怒時，先承認這些感受，包括我們自己的與孩子的。

引爆點可能已經根深柢固地存在我們身上了，通常需要做一些有意識的努力才能讓自己轉換到正念的回應。如果這種轉變沒有在一夕之間發生，千萬別氣餒！這是一種隨著時間一點一滴累積的療癒。在下一個章節裡，我們會談談在改變所需經歷的這段時間裡，需要建立何種心態才能持續練習，與此同時，請做以下這些練習吧。

本週要做的練習

- 靜坐五到十分鐘，一週四到六天。
- 追蹤你的引爆點。
- 釋放緊張的呼吸練習（三段式呼吸法與五八呼吸法）。
- 你的減少吼叫計畫。

第3章 開始練習自我疼惜

對自己懷抱疼惜心，絕對不是要擺脫對一己行為的責任，而是要擺脫那些阻礙我們以清醒、平衡的態度回應生活的自我厭惡情緒。

——塔拉・布拉克（Tara Brach）

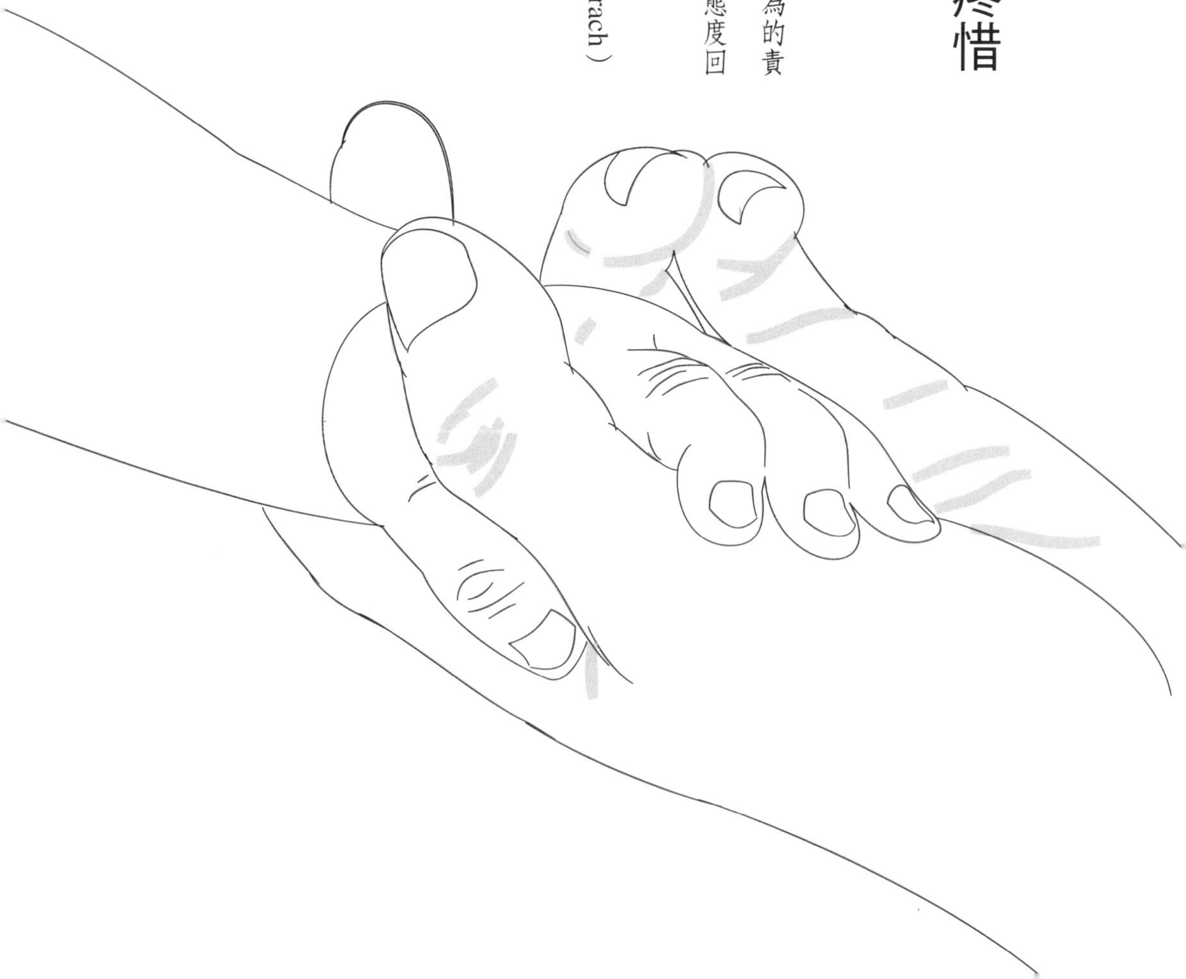

那是個爽朗的秋日，也是我的兩歲女兒小睡片刻的時候，我祈禱這是個輕鬆的午睡時光，因為我還有工作必須完成。可惜的是，我運氣不好。她不屈不撓地哎哎叫，她走到樓下，我又帶她回去，這個戲碼不斷重演。她顯然累壞了，需要小睡片刻，「我」也需要這個小睡時段。

我的脾氣上來了。她在樓上開始丟東西，跑出房間，我又跑上樓，沮喪到發抖，覺得無助。我抓起她的手臂，將她放回床上，但我的動作太粗魯了，她的恐懼之情表露無遺。我感覺到自己強壯的雙手底下那兩隻小手臂，突然領悟到：「這就是父母傷害孩子的樣子。喔，我的天啊！」放開她之後，我淚眼婆娑地離開房間。

我的眼淚一直掉下來，這時那個喜歡批判的心念介入了：「我到底有什麼問題？我怎能做這種事呢？我是個糟糕透頂的媽媽……」我心裡的念頭十分嚴厲刻薄，我對自己說的那些話，是我絕不會對另一個人說的。這麼做有幫助嗎？沒有，只是讓我覺得自己很軟弱、孤立又無能。

內在聲音很重要

我們在自己犯錯之後對自己說話的方式，將決定我們會從該經驗中萎縮還是成長。我們私下在心中對自己說的話，確實很重要。為何如此？在此借用暢銷自我成長作家與激勵演說家韋恩·戴爾（Wayne Dyer）說過的譬喻：如果我有一顆柳橙，我擠壓它的時候，會有什麼東西跑出來？

當然是果汁。但是，那是什麼樣的果汁呢？不是石榴汁或奇異果汁，而是柳橙汁。就像那顆柳橙一樣，當我們受到擠壓的時候，裡面有什麼東西就會跑出什麼東西。

當你受到擠壓的時候，裡面會跑出什麼東西？那個內在的邪惡繼母嗎？如果你的內在聲音是嚴苛的、充滿批判的，那就是你可能會對孩子說的話。對我來說，在那種我真的被擠壓到受不了的時刻，嚴厲的話語便會冒出來，負面的、貶損人的批評脫口而出，因為那就是我內在的東西，這讓我感到自己徹底無能。

荷莉的故事

荷莉是一個在職母親，獨自跟三個兒子住在一起。當時，她的八歲兒子經常做惡夢，導致他們兩人晚上都無法入睡，他晚上的精疲力竭會在白天爆發為憤怒。有一天早上，荷莉再次於失眠的夜晚後起床沖澡，兒子走進來，怒氣沖沖地說著什麼事。兒子用力拉窗簾，結果桿子掉下來，讓荷莉的身體整個暴露在他面前。她當下情緒失控，對著兒子吼叫，並打了他一巴掌。

之後，她有好幾天的時間都被羞恥、罪惡感與後悔的情緒淹沒，眼淚一直停不住，內在聲音癱瘓了她。荷莉告訴我：「我不想吃，也不能睡，一直想著自己是個很糟糕、很糟糕的媽媽。我不配擁有我的小孩。」

幾個星期之後，她的母親前來探望她，對女兒的狀態感到震驚不已。

荷莉說：「我很沒用，我幫不了任何人。這種對自己感到羞恥的心態，一點也無法幫助我與孩子重新建立連結。」她內心那個苛刻、妄下評斷的聲音，讓她充滿羞愧感，也讓原本就很糟糕的情況雪上加霜。

荷莉一點也不孤單，有太多人以殘酷無情的態度和言語批判自己，來回應自己犯的錯與缺點。我們的內在聲音能以毫無用處、令人感到羞愧的念頭淹沒我們。對自己說一些負面的、讓人感到羞恥的話，並不會讓我們變成更有效率或更心平氣和的父母，事實上，這只會適得其反。羞恥感讓我們覺得受困、無力、孤立，如果我們出現這樣的感受，根本無法帶著和善、疼惜的心，與孩子一起處於當下。

羞恥感幫不了忙

研究人員布芮尼·布朗（Brené Brown）曾協助我們了解罪惡感與羞愧感之間的差異。「羞恥感」是一種對自己的惡劣感受，「罪惡感」則是針對行為，一種因為做了什麼不對的事或違背自我價值的事，而發自「良知」的感受。

她的研究顯示，罪惡感可能會有幫助，而且是可以調適的，然而，羞恥感是一種破壞性的情緒，無法幫助我們改變自己的行為。布朗是這麼說的：

羞恥感腐蝕了我們內心相信自己能夠改變的那個部分。

如果我們覺得自己是個糟糕的人，就不可能賦予自己力量去做出改變。

此外，如果我們想要孩子以疼惜心對待自己，我們就必須成為榜樣。例如，如果你有為自己感到羞恥的習慣，孩子也會有樣學樣。如同我之前說過的，孩子對於父母所說的話不見得會照著做，但是對父母所做的事卻很會照著做。這就是有害的世襲模式如何代代相傳的過程。來自父母的嚴厲批判聲音，成為了孩子的內在聲音，然後等到孩子成為父母的時候，那個嚴厲苛刻的習慣又再次浮現。

別射第二支箭

你可以「將對自己感到羞恥」的這件事視為「第二支箭」。在一則佛教寓言裡，佛陀有一次問弟子：「如果有一個人被一支箭射中，不是很痛苦嗎？如果又被第二支箭射中，那就更痛苦了，不是嗎？」

接著，佛陀解釋道：「在生活中，我們不一定能控制第一支箭。」意思是每個人的生活中都會有艱難、痛苦的事發生。然而，「第二支箭就是我們對第一支箭的反應。第二支箭是我們可以選擇的。」

我們的嚴厲批判，就是心念的第二支箭，它無法幫助我們療癒第一支箭的傷痛。事實上，對自己感到羞恥和責怪他人的這個第二支箭是有選擇性的，我們擁有選擇的自由，可以選擇仁慈對待自己所受的苦，並自我疼惜。

自我疼惜的療法

想像一下，如果我們不為自己感到羞恥，便能把一個好朋友所能提供的善意與了解來給予自己。那麼事情會有什麼改變？研究顯示，比起舊有的譴責模式，這個方法更能夠幫助我們成長，讓我們從錯誤中學習。

克莉絲汀．聶夫（Kristin Neff）是一位研究員、作家，以及德州大學奧斯汀分校的教授，她畢生致力於研究「疼惜」與「自我疼惜」（self-compassion）這兩個主題。聶夫寫道：

這些不僅僅是「還不錯」的想法。有許多的研究已經證明了自我疼惜的強大激勵力量。自我疼惜的人為自己設定了高標準，但當他們沒有達到目標時，並不會感到沮喪；反之，他們更可能在失敗後立定新的目標，而非沉浸在挫折與失望的情緒裡。能夠自我疼惜的人，更可能為自己過去所犯的錯誤承擔責任，同時以更平靜的心情承認錯誤。研究亦顯示，自我疼惜能幫助人們從事健康的行為，例如堅定地朝著減肥、運動、戒菸等目標邁進，並在需要時就醫。

如何對自己說話

聶夫將自我疼惜拆解為三個元素：善待自己（self-kindness）、共通的人性，以及正念。那麼，我們要如何開始練習自我疼惜，而不是評斷自己呢？我們可以從留意負面的自我對話並中斷它開始。

規律的靜心練習能幫助你做這件事，因為它能讓你對自己的想法更清楚、更有覺知。你有多常注意到那些輕蔑、批判的聲音並不重要，只要試著在正念覺察之中捕捉到它即可。你一捉住它，就可以對自己說：「哈囉！舊模式。」這麼做能讓你中斷那些陳舊又不健康的習慣。

這種負面自我對話的模式可能是你多年來都在無意識中「練習」的一件事，因此它很可能十分強大，十分頑強。

或許你不可能永遠擺脫喜好批判的心念，卻可以創造出一個新模式，而這是「神經可塑性」為我們帶來的禮物（第一章曾談論過）：你練習什麼，什麼就會變得更強大。

善待自己

如果你最好的朋友遇到荷莉淋浴時發生的事，你會對她說什麼？或許是類似這樣的話：「你不是個糟糕的父母。你覺得受到威脅，才會做出壓力反應，你是個好人。」

那正是我想要你練習的：**改變內在對話**。與其耽溺在苛刻的內在批判裡，不如尋找一些真心的和善話語，來撫平你那焦慮緊繃的神經系統。以「幫助」而非「羞恥」的角度來思考，把那些你會對好朋友說的話用來告訴自己，剛開始進行時，你可能會覺得生疏、笨拙，但是在不斷重複做之後，你善待自己的新習慣就會變得更穩固。

上一次我對女兒吼叫之後，馬上就後悔了。在我們倆都準備好之後，我向她道歉並擁抱她，我不再陷入苛刻的內在批判，而是練習自我疼惜，我會認知到自己的批評念頭：「我正出現一個想法，說我是個壞媽媽。」然後盡量以最大的同理心和善意對待自己。我試著想起教養的困難之處，以及有時要馴服自己的脾氣是件多麼困難的事。透過這種具有滋養效果的內在回應，不因羞恥感而動彈不得，我才能再次讓自己的注意力回到好好照顧女兒這件事情上，而這對我們倆是雙贏的局面！

共通的人性

自我疼惜的第二個元素是認知到「我們不是唯一一個犯錯的人」。克莉絲汀．聶夫稱此為「共通的人性對上孤立」。我們會出現諸如此類的想法：我不應該對女兒吼叫、一個好的父母絕不會像我那樣吼叫。

要是我們這麼想，不但會平白受苦，還會覺得自己孤立無援，而真相是：**所有人都是會犯錯的凡人，都是不完美的父母。正是不完美讓我們身而為人。**

身為「正念媽媽導師」的我，一定會發生在孩子身上做出讓自己後悔的錯誤之事，所以我們都該承認：在這方面沒有人是孤單的。

正念

最後，為了自我疼惜，我們必須透過正念去認知到自己正在受苦。我們必須練習去注意心中產生的想法，同時對它們保持客觀的態度。

我們必須注意到，當錯誤發生時，自己是如何對待自己的，同時也必須練習以同理心和善意對待自己。

想想你藉由苛刻的自我批判與自我評斷而施加在自己身上的一切痛苦，一旦你注意到這些想法，便可以選擇另一條路，也就是當你無法達到標準時，以疼惜、仁慈的心對待自己。正念能幫助你不再受困在負面反應裡，不再被它擊倒。

練習慈心

要鍛鍊你的疼惜肌肉以改變人生，其中一種方式就是透過古老的「慈心」（loving-kindness，又譯慈愛）修習，透過正式的靜心或在一天之中隨時產生疼惜念頭來進行都可以。「慈心」的英文 loving-kindness，翻譯自巴利語的 metta，意思是「友好、友善、善意、充滿愛、和善，或者同感的愛」。它是對治內心苛刻聲音的最佳解藥。

該怎麼練習呢？最重要的是，你可以簡單地從對一個討人喜歡的對象產生慈愛感受開始，接著你可以練習將它擴大到自己身上，然後再擴大到那些你覺得不好相處的人身上。

就跟正念一樣，光是閱讀慈心的資料，並不會讓你學會這個技巧！這是一種練習，如果你固定去做，就能改變你的內在風景，將那些苛刻的內在聲音音量轉小，提供另一種慈愛的選擇。別以為你只能在棘手的時刻練習！就像在健身房鍛鍊肌肉一樣，你也必須長時間一點一滴地鍛鍊自我疼惜的肌肉。

練習題：慈心

慈心是一種積極的愛的形式，是以和善的眼光，而非反射性的批評來看待自己和他人。你可以利用後面的說明，或者前往以下網站聆聽錄製好的音檔，將這個練習排進你的例行靜心裡：https://mindfulmamamentor.com。

1. 以保持警覺和舒適的姿勢坐著，讓自己的心智保持敞開，態度和善並保持柔軟的心，讓自己的身體放鬆。
2. 感覺呼吸的氣息正在進出你的身體，留意任何浮現的想法，接著將注意力重新放回到呼吸上。
3. 留意任何出現的情緒，吐氣的時候，讓身體變得更柔軟一點。
4. 想像一個生命中真正關心你的人，一個你很容易去愛的人。在腦海中想像這個人，然後重複朗讀以下的句子：

- 願你安全

- 願你快樂
- 願你健康
- 願你生活自在

歡迎自由調整用詞。請不斷重複這些句子，讓自己的感受漸漸充滿整個身心。

5. 現在，對自己做慈心練習。你可以想像自己現在的樣子或自己是個四歲小孩。對自己說出以下的句子（也可以選擇與你相應的不同句子）。在你重複這些句子的同時，可以想像自己被慈愛的光充滿。

- 願我安全
- 願我快樂
- 願我健康
- 願我生活自在

有時候，你可能會覺得自己流於機械化的念誦或是不自然，甚至產生厭煩的感受。若有這種情況，那麼保持耐心並仁慈對待自己就特別重要了。請以友善的態度接受發生的一切現象。

一旦你覺得自己已經建立起某種程度的慈心，請將這個慈心擴大至他人，包括朋友、社群成員、地球上的一切眾生。

你甚至可以把生活上難以相處的人包含在內，祝福他們也能被慈愛與平和充滿。

如果你讓慈心成為生活的一部分，就會更加平和、自在與和善，也會自然地更常以慈心待人。自我成長大師韋恩・戴爾一生都在教導一個訊息，他說：「**如果愛和喜悅是你想要給予並接受的，請透過改變你的內在來改變你的生活。**」

同樣地，投入羞恥心研究的布芮尼・布朗在《脆弱的力量》一書中說：「我們無法將自己沒有的東西給予他人，比起我們所知道的或想要成為的，我們真實的本質更加重要，其重要程度遠遠無法估量。」

教養孩子這件事，保證會壓扁你，擠壓出你身上所有尚未解決的問題。因此，這是一個寶貴的機會，能讓你對自己生命中想要的事物設定意圖。你練習什麼，什麼就會變得更強大。

示範善意與同理心

我的小女兒在兩歲時，會跑進她姊姊的玩耍區，拿走她的玩具，然後搗亂整個遊戲，只為了博取姊姊的關注。孩子在與人相處這件事情上經常引發大災難。依照定義來說，他們是不成熟的（人類的大腦要到二十多歲才會發展完整）。他們需要父母的引導與示範（modeling），才能知道如何在世界上與人相處。

令人高興的是，小孩子天生就會關心他人。當我們了解到「**自己練習什麼，什麼就會變得**

更強大」的時候，要記得的是，「自己練習什麼，什麼就同樣會在孩子內在成長」。我們可以示範自己想要看見的態度：善意與同理心。「善意」即是一種友善、慷慨與體貼（亦即想要他人快樂）的態度，而同理心是我們展現善意的方式。

給予及接受善意

為何要有善意？說到教養，難道我們不該談論尊敬與權威嗎？儘管父母都希望孩子能和善地對待自己和他人，也知道和善能幫助人們在世上與他人好好相處、過一個快樂的生活，但有時為人父母者常會認為，要讓孩子按照我們的意願去做，必須使用強迫、操弄與恐懼的方式，也就是讓孩子尊敬父母的權威。

然而，強迫與操弄並不等同於權威，恐懼與尊敬也不相同，我們忘記的是，如果父母對孩子使用強迫、操弄與恐懼的手段，孩子也將學會使用這些策略對待他人。反之，如果父母想要孩子重視和善態度，就必須練習抱持和善態度，即使無法總是做到。再者，和善與同理心可以推動親子雙方的連結，而連結可以推動合作。

和善始於我們自身，所以努力中斷內心嚴苛的內在批判並用其他態度取代它，是一個很好的下手處。我們也可以檢視自己的其他態度和信念，例如，你是否認為照顧自己是一件自私的事？許多人被教導了這樣的概念，或至少在人生旅途中的某個時刻將這種想法內化了。我們學到的可能是：為了當個好人，我們必須「無私」，必須照顧他人，即使犧牲自己的福祉也在所不惜。然而，對自己和善其實是與他人建立良好關係的重要基石。這不是自私，而是有智慧的舉止。

記住那個柳橙的譬喻：「當你受到擠壓，什麼東西會跑出來？」如果我們練習對自己友善、慷慨、體貼，就可以對孩子友善、慷慨、體貼，他們也將學會如何成為一個友善、慷慨、體貼的人。這是個美妙的循環，不是嗎？

同理心：教養的超能力

如同我前面說過的，同理心是我們表現出和善的方式。最簡單來說，同理心是我們對他人情緒與感受的覺察，是自我與他人的連接物，是我們了解他人經驗的過程。

面對受苦的人，我們不是要展現「喔，好可憐」的態度，而是「哇，那太糟糕了，我知道那種感受」。

若想要與孩子建立更親密的連結，同理心是不可或缺的要素，而這是一種可以學習並培養的能力。該怎麼做呢？我們必須練習了解他人的情緒線索，明白對方的觀點。

泰瑞莎．懷斯曼（Teresa Wiseman）是一位英國的護理學者，對同理心做了一番研究，並將它分解為幾個部分：

- **能夠以他人的眼光看世界：**這有賴於我們將自己的想法先放到一邊，然後透過至親之人的眼光去看眼前的處境。

- **不做評斷：**評斷他人的處境會貶低他人的經驗，也是在企圖保護自己免於遭受該處境帶來的痛苦。
- **了解他人的感受：**我們必須貼近自己的感受，才能理解別人的感受。同樣地，這需要先將自己的想法擱置一旁，專注在所愛之人身上。
- **對我們如何理解他人的感受進行溝通：**與其說「至少你……」或「情況可能更糟……」你可以試著說：「我也經歷過，那真的很難受。」或「聽起來你現在處境艱難，說來聽聽吧！」這種做法或許不是出自本能，我們會在本書後文詳細探討這種說話方式。

凱莎的故事

凱莎的女兒要更換耳環，但這是充滿淚水與沮喪心情的任務（註：耳洞尚未定形前，有時更換耳環會疼痛）。凱莎很害怕這些時刻，因為她很快就會火冒三丈，而這只是加劇了女兒的哭喊。

然而，有一天，凱莎讓自己暫停下來，說：「自我啊，你正在生氣！為什麼？因為我認為她現在不夠『勇敢』，她在哭。在我長大的年代，我被教導要『堅強起來』，不要哭，但她不是我，現在也不是那時代。她很痛，很害怕，那是很真實的。」

凱莎抱持著同理心，暫停下來，辨認現況，看見了個人想法之外的東西，因此能夠處於當下並面對實際發生在女兒身上的事。於是，她能夠擁抱女兒並說：「我知道你很害怕，我了解。很抱歉，這是很不舒服的過程。讓我們一起做一個深呼吸，然後當你準備好的時候，我們就可以更換另一邊的耳環。」

同理心是為人父母者的超能力，它是一種幫助你和孩子成功做好自身情緒管理的技巧。當我們能體會孩子的感受與體驗，並處於當下與他們同在，便是在建立彼此之間的連結與協調度。丹·席格與瑪麗·哈柴爾在《由內而外的教養》一書中說，同理心能讓孩子「覺得被感覺到，覺得父母的心中有他們的存在」。假若我們能帶著同理心來教養，就能與孩子建立更深的連結，也能理解他們的觀點。這麼做有助於你順利解決每一次的衝突。

請注意，抱持同理心有賴於先將自己的杯子裝滿。將照顧好自己視為優先重要事項，如此一來，你才有能力付出善意與同理心。**記住，照顧好自己不是「可以的話也不錯」的事，它是你的權利，也是你的責任。**

另外，請別擔心，即使你最近無法做到抱持同理心，永遠都可以勤加培養它。身為社會動物的人類，「大腦天生的設定」就是會同理他人，但這也是一件可以學習及練習的事。

讓妄下評斷的心念冷靜下來

每個人的腦袋裡都有一些不停地評斷自己和他人的批判聲音。你還記得這些苛刻的自我批判，如何阻礙了你的成長和學習嗎？

嚴苛的評斷對孩子也會產生類似的影響，削弱他們的自信。評斷與批評會傷害孩子，對他們釋放出類似這樣的訊息：「我不喜歡，也不接受你本來的樣子。」

然而，我們的心念總是不停地在評斷！當我們覺得不舒服，或看見孩子做出一個讓自己心頭一驚的行為，評斷的念頭很自然就會蹦出來。這很正常，而你的正念練習能幫助你注意到這些念頭並中斷它們。一旦你將這些念頭貼上「評斷」的標籤，便已經削弱了它的力量。

試著記住這件事：「當孩子做出惡劣的行為時，心裡也會有很惡劣的感受。」這有助於激發我們天生的疼惜心（如果它們遭到埋沒的話）。常見的是，我們不把孩子的難受當一回事，它就像是使人發癢的衣服標籤，對我們來說沒什麼大不了，何必小題大做呢？如果一個孩子叫另一個孩子「矮冬瓜」，誰會在意呢？

然而，倘若父母對孩子的問題視而不見，孩子會覺得父母忽視他、不關心他。我們可以做的是，利用正念來留意自己的想法，然後有意識地選擇以善意和同理心來回應孩子的行為。若是這麼做，我們便能強化自己與孩子的連結，讓他們日後更可能以合作的態度來回應我們。

你那充滿評斷的聲音，也可以啟動你的正念練習，那個聲音可能會說：「這件事我辦不到。」或「我永遠都沒辦法做這件事。」或「其他人比我厲害多了。」無論我們是否在評斷自己的教養方式、自己的練習或孩子，當評斷的念頭出現時，立刻停止並辨認出它，是件十分有益的事。試驗一下，試著有意識地培養一種具接受性又友善的好奇態度，然後看看你有什麼感覺，以及它如何影響你的人際關係。

同理心、善意與不評斷的態度，對為人父母者來說是大有助益的，但是當我們匆匆忙忙、不停地催促孩子時，就很難想起這些態度，因此，在探討過如何由內而外培養善意之後，我們一定要稍微談談「耐心」這件事。

耐心？你在開玩笑嗎？

你是否記得母親曾告訴你「要有耐心」？我記得。這一直不是我的強項，甚至連這個詞彙都會在我嘴裡留下不好的味道（哈囉，童年包袱）。但在這個步調快得不可思議的世界裡，父母迫切需要耐心。我們的神經系統會將「匆忙」這個簡單的動作視為威脅，從而觸發壓力反應。

如果我們練習保持耐心，便不會那麼容易觸發壓力反應，進而可以慢下來，讓自己回到應有的步調，並且記住，遲到五分鐘並不是世界末日。我們可以喊出重要的暫停，讓自己更全然地覺察到自己在當下教養過程中的感受與動機，而這真的只需要幾次呼吸的時間就可以辦到。這麼做能給予我們時間去了解，當下這一刻實際發生的是什麼事。

我每天都在與不耐煩這件事拔河。我的「慣性能量」是有效率地完成事情，以便趕緊推進到下一刻，而這種缺乏耐心的態度通常會變成我與孩子起衝突、壓力升高的頭號戰犯。我想要立刻離開屋子。當我的不耐煩戰勝了我，我就會變成一個小題大做、脾氣暴躁的母親。如果我能喚起一些耐心，事情就會變得更順利。

幾年前，有一次我走進客廳，女兒和朋友正在那裡玩耍。他們將椅子翻倒，然後拿披肩蓋住旁邊整個餐廳的家具，幾乎所有表面都被動物布偶和積木覆蓋得滿滿的。我很想立刻就將所有東西收拾乾淨。這種情況真的需要耐心，而且並非我的強項，但我已經從過去脾氣爆發的經驗學到教訓，於是心平氣和地跟女兒談論這件事。

顯然，他們的大象布偶需要一個OK繃，才能從受傷狀況中復元。正因為了解了整件事，我才能等他們貼好OK繃，再跟他們分享自己希望這個空間變得整潔乾淨的需求。將一切放慢的額外好處是，我有更充分的時間以巧妙的方式來說話，而非大吼大叫地發號施令。耐心讓我在那一刻看見女兒的需求，也讓我們避免那天的日子裡充滿爭吵和吼叫。

我們是否能讓事情以自有的步調鋪陳開來，而非企圖控制情況？如你所知，小孩的步調比成人要慢得多。小孩天生就是活在當下的生物，而且對周遭世界充滿好奇，大人卻常常把匆忙的習慣灌輸給他們。我們可以練習給予孩子更多空間與時間，讓他們能以自己的步調活動，而不要老是在催促他們。

這並不容易做到。相信我，我也曾經和你一樣，所以我們才要稱它為「練習」。我們無法永遠保持完美的耐心，這是沒關係的。然而，我們越是匆忙，這種生活方式就越可能引發孩子的壓力與焦慮。一旦放慢腳步，你會獲得回報的。

在保持耐心的心態上，有一個必須留意的地方。當事情一切順利時，保持耐心很容易，但事實上，當你的心躁動不安，如脫繮野馬般情緒失控，此時培養耐心對你特別有幫助：若要加強耐心，你必須在各式各樣的情境裡練習。我敦促你練習對自己有耐心。教養這件事著實不容易！有時候你會覺得自己像一頭暴怒的犀牛，有這種感覺完全正常。有些不夠巧妙的時刻會出現，這是可以預期的，對於你自己培養耐心的進度，練習有些耐心吧！

練習題：保持耐心的咒語

在這些咒語裡挑選出一、兩個，將它們寫在便利貼上。然後策略性地張貼在住家的各個角落，需要時對自己重複念誦！

- 我冷靜的時候對孩子最有幫助。
- 孩子一開始吼叫，我就會變得更冷靜。
- 我選擇心平氣和。
- （吸氣）我是愛；（吐氣）我可以暫停。
- 放鬆，釋放，微笑。
- 這會過去的，呼吸。
- 要態度和善。
- 事情就是如此。

- **對你的靜心練習保持耐心：**對於你的正念靜心，耐心也是一個很重要的因素。當你發現自己的心念開始評斷、焦慮或煩躁，可以藉由刻意提醒自己來培養耐心，告訴自己：「現在沒別處可去，也沒別的事可做。」給自己一點時間來經歷這些現象，為什麼？因為你正在經歷這些現象！當一些現象在靜心過程中出現，它們就是你當下的現實，那就是生命在此時此刻開展的方式。

- **生活中的耐心：**記住，我們不需要將每分每秒都填滿各式娛樂、各種令人分心的事物和活動。如果我們能騰出空間與時間，好好體驗每一刻，而非老是趕著去做下一件事，生命會變得更美好。如果我們能在各種活動之中，讓每個人擁有一些開放的、無特定計畫的輕鬆時間，會更能享受這些家庭活動。停工是一件好事。

不再努力過頭

你可能會對自己這麼說：「好，現在我有一長串的待辦事項要處理，包括練習慈心、注意那些無益的想法、練習耐心、放掉評斷等等。我現在就要開始工作了！」

但我請你先冷靜一下，讓這些想法沉澱一會兒（以後需要的時候，請回來重讀這一章）。為何要這麼做？

很可能你從小接受的訓練就是成就與目標取向，當我們如此習慣於努力奮鬥，那麼要求我們只是單純地安歇於當下，與任何發生的事同在，就會變成一件十分困難的事。我們傾向於對自己說：「如果我……（更冷靜、更聰明、是一個努力工作的人、更健康、更有錢等等），就好了，但是我現在不夠好。」那種覺得自己不好的感受，將驅策著我們改善現狀，而且要立刻執行！這會讓我們因為缺乏安全感而庸庸碌碌地轉個不停，就像轉輪上的小倉鼠一樣，我們不停地跑呀跑，卻哪裡也到不了。我在此請求你做的事，就是培養「不努力」（nonstriving，又譯非用力追求）的態度。

喬．卡巴金指出，「努力」可能是靜心之中的實際障礙，因為那時的你除了單純地做現在的自己之外，沒有其他目標。當我們能夠全然存在於當下，接受此時此刻的我們，便是朝著減輕壓力與焦慮的目標前進了一大段，而壓力與焦慮正是一開始讓我們做出激烈反應的原因。因此，我要請你對練習保持紀律，然後放輕鬆。

放下努力（努力永遠指向某種未來狀態）有助於讓我們更加覺知到當下實際發生的事。這不代表不付出任何心血，或者不將自己投入練習、教養或生活等，它的意思反而是要你真的「在場」、投入，然後放下對結果的期待。

偶爾放下既有的想法，單純地讓生命自然展開，能對我們發揮療癒和充電的效果。與其讓孩子馬不停蹄地到處奔走，不如給他們一些空間只是單純地存在吧。

不努力不代表不行動，它指的其實是對事情只要輕輕握著就好。我們都有各種目標與渴望，但是我們能否不要將它抓得那麼緊？舉一個很常見的例子：你可能很渴望讓孩子上大學，這是一個很美好、很有益的目標，但如果你逼得太緊，你的努力可能會為孩子製造出焦慮，讓他變得更虛弱。「不努力」的心態要求我們輕輕握著那樣的渴望就好，明白現在的處境已經很好，無論後續發展出什麼樣的情況，都是我們可以處理的。

夠好就好

對教養而言，「不努力」的觀念引導我們來到「夠好的教養」（good-enough parenting）這個概念。「夠好的父母」這個想法源自於小兒科醫師暨精神分析師D・W・維尼考特（D・W・Winnicott），其基本理念是要讓父母冷靜及放鬆一些，因為在這條路上一定會有出錯的時候，你的孩子也偶爾會陷入苦苦掙扎的處境，但這些處境並不是世界末日，事實上，它們反而能幫助孩子培養韌性。

「夠好的教養」告訴我們，我們不需要努力不懈地想成為完美的父母，也不應該期望孩子是完美的。每個家庭都會遇到一些問題，然而，對此做出責怪、羞恥的反應與嚴厲的批評，對事情毫無助益。反之，我們能否記住，所有人都不完美，這是無可避免的，何況是小孩？我們能否將孩子的犯錯當成意料中的事？我們能否放下自己追求完美的努力？

事實上，當我們容許自己成為真正有血有肉的人，在關係中示範如何療癒，那麼我們也會成為孩子的榜樣。**他們需要看見你搞砸並修補一件事，然後依然看重自己**，如此一來，他們才知道自己可以怎麼做。

由內而外的善意

培養以慈心和覺察來對待自己的內在聲音，會對你的親子關係產生深遠的影響。你是親子關係裡的其中一半，應該對你帶來的價值影響負起責任。當你將自己的嚴厲批判和評斷，轉變為對自身人性的同理與接受，你也會更能同理並接受他人。**關於你想要孩子成為什麼樣的人，你內在真正的那個人是何種模樣，有著重要的影響力。**

如果你持續練習靜坐，這些其他練習會變得更容易。培養對當下實際發生的事更加覺察的能力（而非緊緊抓住自己內心的故事或想法），是讓一切有意義的改變得以發生的基礎，因為如果你無法看見它，就無法做出不同的選擇。

加強你對內在批判聲音的覺察，一開始可能會讓你感到不舒服和氣餒，但我鼓勵你別放棄。每個人都有必須處理的負向偏誤（negativity bias），你對它的覺察，能幫助你「不」去對它做出自動化反應。

記住，**閱讀這些事的相關資料無法促成改變，一切的重點就在於練習。**慈心一開始可能會讓你感覺有點蠢、不自然，但我向你保證，這是一個效果強大的練習，能為你帶來效果持久且有意義的幫助。

將內在聲音轉變為和善的聲音，可能是一種最重要的內在改變，讓你能夠利用本書第二部分的策略，以更巧妙的方式溝通。

下一章是討論以身作則之內在工作的最後一部分，你很快就會學到該如何以正念處理難受的情緒。

本週要做的練習

- 靜坐或身體掃描靜心五到十分鐘，一週四到六天。
- 慈心練習，一週四到六天。
- 留意妄下評斷的心念。
- 練習保持善意、同理心與自我疼惜。
- 保持耐心的咒語。

第4章 處理難受的情緒

那種想避開不愉快事物的衝動，會導致逃避；逃避導致厭惡；厭惡導致恐懼；恐懼導致仇恨，仇恨導致侵犯。不知不覺地，逃避不愉快事物這種再自然不過的本能，變成了仇恨的根源。它導致戰爭：內在的戰爭，以及外在的戰爭。

——史蒂芬．科普（Stephen Cope）

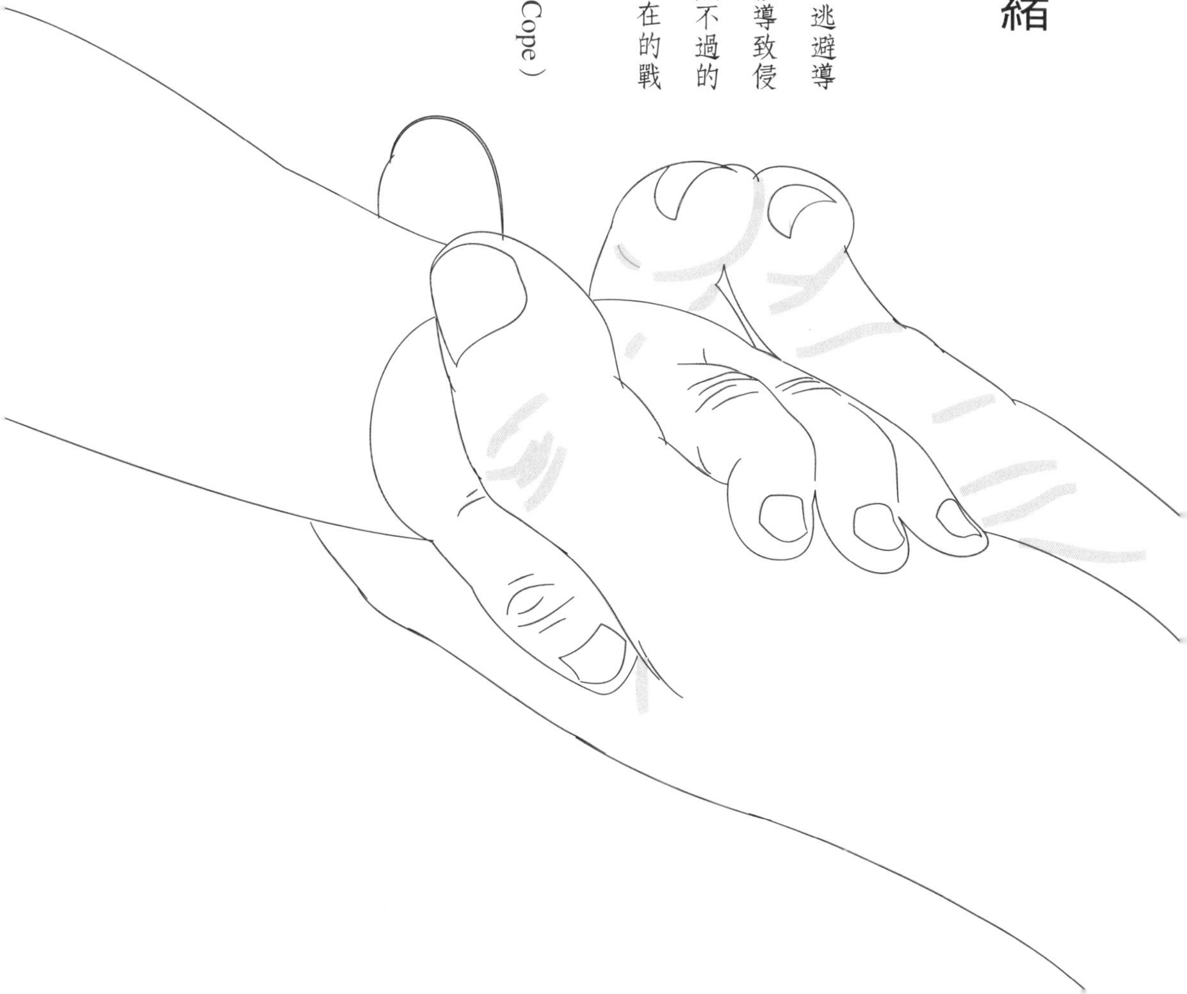

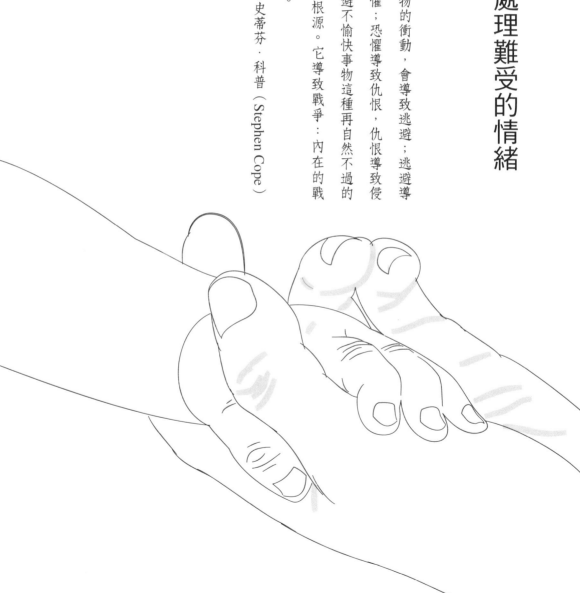

當孩子哭泣或大吵大鬧時，可能會給為人父母者帶來一種特殊形態的痛苦。當我的大女兒兩歲大時，會做出幼童在有限手段用光之後會做的事：情緒失控。然後我會開始想要鑽出這身皮囊，因為這是一種「令人無法忍受」的感覺，所以我也會跟著情緒失控。根據我經歷過的許多次經驗，我向你保證，媽咪大發脾氣並不是一個有效的教養方式，它只會讓雙方都陷入難過、混亂的感受。那是許多人成為父母之後沒有預料到會出現的情緒災難。

在前一個章節，我們探討了為何自己內在會引爆劇烈反應的一些原因，以及正念與自我疼惜如何幫助我們療癒這些舊傷口。現在，我們要來檢視你在日常生活中可以利用哪些資源來為自己和孩子處理難受的情緒。

對情緒的慣性反應

我們通常會花很多精力將自己的感受壓抑到表面底下，好讓自己不會感覺到它，所以我們也為孩子示範了同樣的事。我們似乎忘記了，人們全都有各式各樣的感受：好的、壞的、醜陋的。壓抑自己的感受，是另一個代代相傳卻不健康的情緒模式。我們被告知的故事是這樣的：「不要擁有那些感受，它們讓我不舒服。你擁有那些感受是錯的。」因此，我們試圖將它們壓抑下來，忘記了它們之後可能會以前所未見的更大力道反彈出來，而且通常是在最不合宜的時機。

許多人會運用下列兩種方式的其中之一來回應痛苦或不適：試圖封鎖感受，或是被我們努力壓抑的那些情緒給淹沒。

- **封鎖：**我們可能會藉由否認自己的感受、讓自己分心，或是以食物、酒精、藥物等「自我藥療」的方式，來試圖阻止或否認心中的不適感。這些行為最終是無效又不健康的，因為不舒服的感受具備一種功能，它經常是一種徵兆，指出我們必須採取某些校正的行動。如果錯過這個徵兆的提醒，可能會導致我們自己或他人受到傷害。當然，那些自我藥療行為將會為我們的情緒與身體健康，製造出一連串的問題，包括上癮症。
- **沉溺其中：**這發生在我們受到強烈的情緒衝擊，或迷失在想法中的時候，特別是當我們沉溺在自己的恐懼與評斷中（「我真的受不了了！」「他們／我怎會如此愚蠢？」等等）。被恐懼和悲傷淹沒，可能會導致一種絕望感和無力感。然而，被憤怒淹沒，如脾氣爆發、大吼大叫等，則會將別人推開，帶來更多不好的感受。事情只會變得更糟糕，從來不會變得更好。

練習題：你對感受的慣性反應是什麼？

當我們出現不舒服的感覺，慣性反應的範圍可能從抓著一大桶小熊軟糖狂吃，到對孩子發飆都有。你的慣性反應是什麼呢？以下是人們處理情緒的一些常見方式。

在你的「正念教養」日誌裡，寫下在自己身上注意到的反應：

封鎖	沉溺其中
分心：盯著螢幕、社群媒體	不堪負荷
食物、購物、酒精、藥物	吼叫、表現出侵略性
羞恥感	無力感
罪惡感	絕望感

在你辨認出自己常見的反應之後，便可以開始在日常生活中留意它們的出現。保持好奇心，像科學家一樣，然後，選擇一個時間來練習「保持不反應」。帶著正念覺察，留意這些出現的情緒與感受。

注意，在經歷這些感受的同時，專注於呼吸並以靜坐來度過這段時間，是有可能做到的。將你的經驗寫在日誌上。

封鎖與沉溺其中是同一個硬幣的兩面，是我們擺盪的兩個極端；我們並沒有走在以正念覺察那些出現的情緒並處理它們的中道上。如果你正在經歷封鎖或沉溺其中的現象，很可能有些不健康的慣性模式是仿效自你的原生家庭。一個正念父母要做什麼？讓我們來看看代表健康情緒表達方式的中道。

中道：帶著正念接受情緒

在中道裡，你既不推開難受的情緒或處境，也不讓它們將你吸入其中。取而代之的是，你學習接受並感受情緒帶來的感覺，讓這些情緒能在適當的時候通過並離去。

抗拒會帶來更多傷害

當我們沮喪的時候，通常不想要有這樣的感覺，因此封鎖或抵抗這種感覺是我們的本能反應。我們想要避開不舒服的東西。問題在於，我們無法避免生命中的所有傷痛，當它們發生時，我們的抗拒心只會讓事情變得更糟。這是一種十分常見的行為，因此佛法為它寫出一個等式：

痛苦 × 抗拒＝受苦

對抗痛苦的現實，只會讓情況變得更糟，進而讓我們受苦。這個等式也指出，「體驗到痛苦但不覺得在受苦」是可能的，因為它們並非同一件事。

假設你對孩子感到挫折重重，覺得怒不可遏，然後你因為自己竟然會生氣而產生了不好的感覺。你試圖封鎖這種感覺，卻在最終引爆一場大爆炸，或是你讓它們淹沒了你，讓它們占據了超過需要的時間與空間。你的抗拒會為你添加一層額外的苦。這種受苦讓你更難以在當下看清楚，以及做出深思熟慮的回應。而「評斷」這額外覆蓋的一層，讓你的衝突更有可能持續在表面底下悶燒。這就是我們在第三章談到的第二支箭。

接受能減輕傷害

心理學家卡爾・榮格（Carl Jung）在很久以前曾經說過：「凡是你抗拒的，不只會持續，還會在內在滋長壯大。」今天，我們簡單地說：「凡是你抗拒的，就會持續。」這指出了封鎖自己的感受有多麼無效。逃避會帶來受苦，阻礙我們全然地過生活。我喜歡將我們的感受視為幼童：它們不會給我們一天平靜的日子，除非我們真正去看見它們、聽見它們。這代表要承認並接受那些令我們不舒服的情緒。

接受「你的痛苦感受」這一現實，能讓你更快速地療癒那份痛苦。雖然這在乍聽之下似乎不太合理，但是接受並停留在那種令人不舒服且想要逃離的感覺當中，反而能減輕不舒服的感覺，有時更能讓它完全消失。你可以把它想成是將自己推到極限，然後放鬆下來，如果你練過瑜伽，應該體驗過這種現象，做瑜伽的時候，你會讓自己伸展到不舒服的極限，然後停留在該處休息，接著你會發現，那份不適感轉變了。

然而，「接受」是個令人憂慮的字眼。在此澄清：**「接受」不表示你喜歡自己正在體驗的情緒，只是表示你承認它是當下的一部分經驗**。你正在接受這樣的現實。它也不表示你是消極的，或不採取行動去改變處境。「接受」不代表你對所有外在的人和情況都說「是」，也不代表你認可限制性信念。請持續打斷並改變那些會造成傷害的想法，例如「我對這個不在行」或「我是個很糟糕的父母」等，來打一場美好的仗吧。但是，你依然可以接受心中產生的不適情緒，它們就在那裡，直接處理它們吧，因為凡是你抗拒的，就會持續。

承認能帶來接受

要練習接受自己的感覺，有一個簡單的方法就是第一章提到的承認事實練習。每當有一個不舒服的感受產生，不要急忙趕著去完成待辦清單的下一件事，或是採用讓自己分心的方式來封鎖情緒，或是乾脆讓情緒失控，而是可以在內在說出你的感受。這種簡單的貼標籤方式，能帶來很大的抒發效果。例如，我發現如果承認自己很焦慮，然後立刻暫停並對自己說：「哈囉，焦慮，我看見你在那裡。」這能給予我片刻去感受自己的身體發生了什麼事。為感受貼標籤，能減輕焦慮對我的控制，讓我獲得一些喘息的空間，那是要讓焦慮離去所需要的。

關於接受的一個注意事項是：**練習接受心中產生的情緒時，不要試圖改變它，因為那也是一種抗拒的微妙形式，反而會讓事情陷入膠著**。我們的情緒就像個孩子，它們不喜歡被操弄，只想要被看見、被聽見。

以感受來徹底療癒

所謂堅定的接受，就是讓自己的感官知覺完全融入其中，而這可能是獲得情緒自由的關鍵。

法國行為與溝通專家路克・尼孔（Luc Nicon）指出，我們想要馴服自身感覺的所有心理努力，其實可能適得其反。他的研究指出，當我們將自己完全融入感受所帶來的感官知覺中，不去做深呼吸或其他控管技巧時，最能夠輕易化解及消融這份感受。他將這個方法以法文的第一個字母縮寫為TIPI（意思是「辨認出潛意識恐懼的技巧」）。這個方法簡單得令人訝異，以下的練習會引導你怎麼做。

練習題：TIPI技巧

要調整情緒模式，你必須全然地感受伴隨這些情緒而來的身體感覺。

根據TIPI技巧，這些感受為何會產生並不重要，重要的是感受就在那裡。不要試圖去了解或控制它，也不要責怪它。

當情緒產生時，請依照以下的簡單步驟進行：

1. 閉上眼睛。
2. 注意身體上的兩、三種感覺（喉嚨或胸口部位的僵硬或緊繃現象等）。在心裡為這些感覺貼上標籤或標記，以便保持正念，讓自己完全處於當下。
3. 讓那些感覺自行演化，繼續標記它們。如果你的呼吸因為這些感覺自然演化的結果而變得又淺又短，請容許它存在。

4. 帶著好奇心觀察，不要介入或試圖了解、控制，只要單純留意那些感覺，直到你的身體恢復平靜的狀態（是的，確實說的比做的容易）。

睜開眼睛。這整個過程做起來可能不到一分鐘，或只要短短幾分鐘。

每天在情緒產生時練習TIPI技巧，持續一或兩個星期，親身測試這個練習的效果。把「自己」當成研究主題，將效果記錄在你的「正念教養」日誌上。

當我初次聽到TIPI技巧時，是心存懷疑的，因此我親身測試它，讓我驚訝的是，這個簡單的方法真的有效。我發現，當我將自己的想法和種種故事踢開，只是全然融入身體的感覺之中，便開啟了身體自然的療癒能力。我們的心念總是在阻礙身體去療癒難受的情緒，我們的想法會抗拒療癒所需要的完全接受與融入。

內觀禪修老師塔拉．布拉克（Tara Brach）在《全然接受這樣的我》中，分享了另一個方法讓我們去體驗接受的力量。她邀請我們練習對心中產生的所有感覺說「是」。如果我們的抗拒是一種心理上的「不」，那麼「是」就會是一個有效的解方。

練習題：體驗「是」與「不」

找舒服的位置安靜坐著，讓心中產生一種抗拒的情緒，要確保這種情緒不會造成創傷。

留意你的喉嚨、胸部及胃部，留意這個情緒在身體上造成什麼感覺。

現在，開始對這種感覺說「不」（抗拒），重複說「不」一分鐘左右。留意你的身體對這種抗拒態度有何感覺。做幾次深呼吸。

現在，開始對這種感覺說「是」（接受），重複說「是」一分鐘左右。留意你的身體對這種接受態度有何感覺。

比較這兩種經驗並做筆記，將結果記錄在你的「正念教養」筆記本上。

當你嘗試這項練習時，可能會發現，「不」會增加身體的緊張感，而「是」則會讓你的身體柔軟下來，給予你空間去接受這種感覺。就跟生孩子一樣，放鬆身體有助於讓疼痛緩和下來。放鬆你的抗拒，也有助於讓難受情緒的痛苦緩和下來。此外，當你做這項練習時，是在為孩子示範健康的情緒回應，這是一樁買一送一的生意。

以正念覺察抗拒的根源

雖然這些關於接受的論點會敲響你內心真相的警鐘，但是讓自己去感受那些令人不適的情緒，可能還是有點難度。對於在成長過程中體驗過某種程度的情緒虐待的人來說，那些憤怒、焦慮、哀痛、困窘、懊悔、悲傷等令人難受的情緒，可能會讓我們深深覺得無法接受。或許我們曾被告知：「不要哭。」或「進去你的房間，心情好一點才能出來。」或「別哭，不然我要打你喔！」或「別那麼敏感。」而這些有害的訊息都成了你腦袋裡的批判聲音，阻礙我們進行深層的療癒。

唯一能擺脫這些難受情緒的方法，就是經歷它。為了能以健康的方式處理它們，我們必須去感受這些情緒。如果我們的情緒沒有被全然感受到，它們便會被封裝起來，並在之後以不健康的方式洩漏出來，製造出各式各樣的問題。因此，我在此准許你去好好感受所有的感覺。讓自己加入那些全然感受情緒、不讓自己被情緒碾壓的伙伴之行列吧。練習接受你的情緒，無論是使用TIPI技巧或說「是」，都是很好的開始。

儘管如此，要去「感受所有的情緒」可能還是很困難，而且有時候是不恰當的！大多數的人可以帶著正念，刻意去感受那些令人難受與不適的情緒，讓它們以健康的方式釋放出來，但是當表達情緒並非總是安全的時候，該如何讓自己去感受它呢？以下是兩個實用方針：

- **檢查你周遭的環境：**當你開始處理難受的情緒時，先確保自己置身在一個安全、平靜、穩定的地方，永遠是個明智之舉。想想自己置身何處，如果你覺得自己在那裡可以閉上眼睛，那麼它就是一個可以接受的地方。
- **尋求協助：**你心中生起的情緒是否會帶來創傷，觸發深層的強烈反應？也就是說，當你想到特定事件與感覺的時候，是否會變得情緒失控或更糟？若是如此，尋求治療師的支援，幫助你處理這些帶來創傷的情緒，也是一個好主意。尋找你需要的協助，治癒這些激發強烈情緒的舊傷口，能為你鋪設好一條路，讓你帶著正念接觸更大範圍的各種情緒，包括你在教養孩子時出現的不適感受。

RAIN技巧：經歷難受情緒的正念之道

RAIN是一個首字母縮略詞，能幫助你記住如何走過難受情緒的正念之路：

認出（Recognize）
容許或接受（Allow或Accept）
探究（Investigate）
滋養（Nurture）

這是怎麼運作的呢？讓我們來看看。

認出

要帶著正念度過難受的情緒，必須從認出自己正在體驗某種情緒並為它貼上標籤開始。那是焦慮、恐懼、無助、打擊、傷心、悲痛、困窘、挫折，或是其他情緒呢？要辨認出情緒，可以在腦袋裡為它命名：「焦慮」（或任何其他情緒）。一旦你為它貼上標籤，就會讓大腦前額葉皮質區的語言部分重新上線。在我們認出當下情緒為何的那一刻，便從封鎖感受的狀態踏出了重要的一步。我們承認這是此時此刻的現實處境。

當你認出自己有何感受，對自己說：「我感覺到______。」而不是「我是（很）______。」舉例來說，「我感覺到挫折」而不是「我很挫折」。這有助於讓我們不再認為自己等同於感受，而給予我們一些呼吸的空間。畢竟，我們不會說：「我是斷掉的腿。」而是會說：「我有一條腿斷掉了。」

讓自己對情緒保持一些客觀的態度。

容許

認出自己的感受是什麼之後，下一步是「非行動」（nonaction）的作為：容許它的存在。你可以將它視為先前談過的接受練習。這要怎麼做呢？有許多方法。如果「體驗『是』與『不』」的練習能引起你的共鳴，你可以利用這個方法來做。

另一種方法是我從一行禪師那裡學到的，他要我們想像將自己的難受情緒抱在臂彎裡，就像抱著一個嬰兒。我們可以對那個情緒說：「你在這裡沒關係，親愛的______（情緒名稱）。我在這裡陪你，我會照顧你。」

這個練習一開始做起來可能會感覺很蠢，但我發現這是很有深度的練習，能引導你走向接受狀態，尤其是針對孩子引發的情緒。

探究

接下來，我們溫和地、覺知地探究為何會有這種感受出現。若你不將自己的感受推開，也不沉溺其中，便能擁有一些空間來對它感到好奇。試試這個方法：想像你是個來自外太空的外星人，只是被投射到你的身體裡，然後對自己的感受覺得好奇。憤怒／焦慮／悲傷的情緒，實際在身體裡的感覺是什麼樣子？你感覺最強烈的地方是哪裡？不要被你瀑布般的各種想法吞沒，而是要試著從外在來觀看這道思想瀑布。那些想法是什麼？它們來自哪裡？這些想法是真實的嗎？它們對當前的處境有幫助嗎？

這是正念練習在行動中的實際運用。保持好奇心，但只要輕輕抓著它就好。不要掉入思考的深淵。輕柔地看著產生的一切。

滋養

最後，花一些時間對「這份感受需要什麼」保持好奇心。你要如何以疼惜心滋養自己？在這個RAIN技巧的步驟裡，內觀禪修老師塔拉．布拉克教我們將一隻手放在心的位置，然後試著說出各種有助於撫平內心受驚、受傷部分的訊息，看看哪一種有效果。

你可以試著對自己說：「沒關係。」「那不是你的錯。」「你不孤單。」「信任你的善良。」有時候，將你的生命中一位散發無條件慈愛、能夠為你撫平創傷的角色帶入心中，也很有助益，甚至是一位靈性人物或一隻寵物也可以。

RAIN 技巧能幫助你度過情緒，讓你帶著正念處理它們，而非封鎖它們或被它們淹沒。這個練習會隨著時間而慢慢變得更容易做，它能幫助你復元得更快、變得更平靜。讓我們試試吧！

練習題：RAIN 靜心法

RAIN 代表認出（Recognize）、容許或接受（Allow）、探究（Investigate），以及疼惜心的滋養（Nurture）。找一個舒服、安全的地方讓自己放鬆下來，遵循以下的指示來做，或者到 https://mindfulmamamentor.com 網站，跟著語音引導來做。

1. 閉上眼睛，挺直脊椎，深深吸一口氣後，像嘆氣一樣吐氣，再深吸一口氣，然後像嘆氣一樣吐氣。深深吸氣時，感受氣息一路往下，吐氣時也好好感受氣息對外吐出的過程。讓自己的肌肉變得柔軟，吐氣之後讓自己安定下來。
2. 想想最近一次你經歷難受情緒的情況，讓這個事件變得真實，但本質上不會造成創傷。當你回想該事件和難受的情緒時，容許當初的場景在腦海中浮現，彷彿播放影片那般。讓自己置身在這個充滿挑戰的情緒中感受最強烈的地方。
3. 這個靜心的第一步，就是認出這個情緒，以及它所採取的許多形式。你要對該情緒如何影響自己，抱持好奇的態度。注意自己身體的哪個部位感覺到它，讓自己呼吸的吐納保持流暢。注意這個情緒在你的腹部、胸部、肩膀、手臂和手掌、下顎以及臉部，造成什麼樣的感覺。認出這個情緒在沒有被推開或封鎖的情況下，是什麼樣的感覺。默默回答這個問題：這個情緒的名字是什麼？注意它，但不帶評斷，只要帶著好奇心。繼續覺察自己的吸氣和吐氣。

4. 下一步，容許。想像自己將難受的情緒抱在臂彎裡，好像在抱一個嬰兒。想像自己對情緒說：「沒事了，你在這裡沒關係。我會照顧你的。」不斷重複地說，練習接受你的難受情緒，擁抱它。繼續想像自己將它像一個小嬰兒那樣環抱在臂彎裡，繼續對你的情緒說：「沒事了，你在這裡沒關係。我會照顧你的。」對產生的感受說「是」。

5. 第三步是探究感受的本質，對它抱持好奇心。輕輕地問自己的感受：「你是從哪裡來的？」對出現的一切感到好奇。你出現了哪些想法，那些想法來自哪裡？這些想法是真實的嗎？它們有幫助嗎？當你的難受情緒出現時，你的身體和呼吸起了什麼變化？探究你的感受，能讓你更加了解它。

5. 當你準備好，就進行RAIN靜心法的最後一步：以疼惜心滋養自己。當我們能夠認出自己在受苦，對自己的疼惜心就會自然地產生。試著去感覺你內在那個受傷、害怕或傷痛的地方最需要什麼，然後給予它滋養的訊息。它是否需要給予保證的話語？原諒的話語？或是陪伴的話語？愛的話語？試試看哪一種刻意的慈愛舉動有助於帶來安慰。試著說：「我在這裡和你在一起。」「對不起，我愛你。」「不是你的錯。」「信任你的善良。」等等。

6. 試著輕輕將手放在你的心或臉頰上，也可以想像自己被一道溫暖而明亮的光包圍。如果給自己愛對你來說感覺很困難，可以想像一個慈愛的生命，例如一個靈性人物、家族成員、朋友或寵物，然後想像他的愛流到你身上。

7. 當你準備好的時候，將覺知完整帶回你的呼吸上，感受你吸入的氣息、吐出的氣息，接著開始擴充你的覺知，注意你的身體、聲音，以及房間溫度所帶來的感受。

8. 做完這個靜心練習之後，花一些時間在「正念教養」日誌寫下你的感想：你對RAIN靜心法的反應是什麼？它有幫助嗎？哪個部分最困難？為什麼？

RAIN技巧並非那種「一勞永逸」的練習，應該被視為一種生活工具。它能幫助你處理生活中難免會遇到的難題，讓你更容易隨著時間逐漸復元。

定期處理我們的難受情緒，可能是本書最重要的練習之一，因此請別只是將這個部分的內容讀過就算了，逃避實際的練習！練習具有一種力量，能徹底轉化你生命中最重要的關係，也就是你和自己的關係。

雖然這麼做一開始會令人不太舒服（喔，我們真的很想要逃避不舒服），我仍敦促你要練習。能夠與自己的陰影（亦即你不想要擁有的感受）一同靜靜坐著，真的是勇敢的行為。這麼做的時候，你會發現另一邊還有一種自由存在，你將不再受困在難受情緒的囚籠裡。在明白了如何處理它們的過程之後，你便能更有信心地生活在這個世界上。

當我們開始以健康的方式處理令人難受的情緒時，孩子也會看見這一點。（記得要活出你想要孩子學習的樣子嗎？）當我們練習處理自己的感受時，孩子也將從我們身上學到這種健康的反應方式。

現在你已經具備一些工具來處理自己的難受情緒了，讓我們來看看如何幫助你的孩子處理。

幫助孩子度過難受的情緒

我先前在瀏覽社群媒體時，曾看見一位名人爸爸和其他大人站著圍成一圈，而在圓圈中間的是他的學齡前女兒，她在地板上瘋狂地踢腳，顯然很沮喪。他分享他們讓她盡情發脾氣，同時圍在她周圍以確保安全的情景。是的，她是坐在公共場合的骯髒地板上；是的，陌生人會盯著他們看並批評，但是他沒有對社會壓力讓步，反而很有智慧地給予孩子一個空間來釋放情緒。

我早已忘記那位名人的姓名，但還記得當時心生感謝的心情，以及他所傳遞出來的強大訊息：**孩子啼哭是沒關係的。**

預期並接受強烈情緒

一如成年人，孩子也會被強烈情緒所淹沒。事實上，由於孩子在二十多歲之前，前額葉皮質都是處於尚未發展成熟的狀態，因此更容易被強烈的情緒所淹沒。這是童年不可避免的一部分，因此身為父母，我們必須預期並接受孩子的難受情緒。

孩子和成人一樣，會封鎖並壓抑情緒，但這些情緒可能會以破壞性的方式爆發，譬如對手足爆發，我想大家都不想看見這種事發生。因此，當我們練習接受自己的情緒時，也必須設法接受孩子的情緒，並幫助他們也接受自己的情緒。

我們可能不想教導孩子壓抑情緒，就像童年時學到的那樣，但我們對孩子感到憤怒或悲傷這件事，真的覺得沒問題嗎？其實我們經常會對他們的強烈情緒感到不舒服，然後本能上就會想要立刻「修正」它。我們會用各種玩具或 3C 產品（註：包含電腦、手機、平板電腦）來讓他們分心。我們會告訴他們：「不要哭。」「你沒事。」然而，當我們練習接受並容許孩子擁有難受的情緒，而非想要修正他們時，我們的處理模式也會改變。現在，我們的工作變成要處理自己的不舒服，因為孩子身上沒什麼需要改變或修正的。

這代表什麼呢？「不修正」看起來是什麼樣的行動呢？可能看起來會像那位讓女兒（安全地）在公共場合發脾氣的名人，也可能意味著孩子在哭泣時，不要在房間裡對他吼叫。這可能表示要暫停你的採購活動，把孩子帶到外面去，讓他對沒有買到裹糖玉米片的失望情緒大聲哭出來。這表示要提醒孩子：「生氣是沒關係的」以及「覺得難過是沒關係的」。

這聽起來像是很奇怪的教養建議嗎？真相是，表達情緒是健康的。**孩子和我們一樣，需要去感覺情緒，才能療癒它**，他們可能需要說話、吼叫或哭泣。若我們對這些難以避免的強烈情緒，能採取接受的立場，就不會基於反射性反應而去否認這些健康的情緒表達，因而受苦。「他們不應該有這種感覺」的想法，就是第二支箭，為我們自己和孩子都製造出痛苦。

哭泣不是件壞事

許多父母都會想方設法地讓孩子不要哭，像是責罵、賄賂、哀求、送孩子回房間等等。但事實是，孩子不僅需要哭，有時候還需要大哭特哭。身為一聽到女兒哭就非常頭痛的母親，我在此告訴你，接受這個現實能讓你未來的路走得更順利。女兒的哭聲曾經讓我想要鑽到自己身體外面，但我最終了解到，這是我的工作，不是她的問題。我花了許多時間才看見，如果我們容許感覺去流動、釋放，它們引發的難題會減少很多。

別叫孩子不要哭。哭泣對所有孩子來說都是一種情緒宣洩，讓他們哭完，就會好過多了。一些針對男孩所說的話，例如「不要當個媽寶」或「當個男人」等，可能看起來相對無害，但這是在告訴男孩，他們不能流露自己的感受。當男孩被告知要堅強、要推開自己的情緒，這會阻礙他們健康的情緒發展。容許自己透過眼淚去釋放情緒，並藉由不為哭泣感到抱歉來示範哭泣的正當性。無論是男孩或女孩，都要教導他們，哭泣是一種健康的過程，能幫助我們感覺更好。

接受情緒，規範行為

哭泣常常比憤怒更容易被接受，因為憤怒經常伴隨著侵略性的行為。那麼，接受憤怒是否表示要接受破壞性或傷害性的行為呢？當然不是。我們可以練習接受情緒，但可以（而且應該）防止暴力的行為。我們可以示範並教導一些更健康的方式，來表達憤怒的能量。

跟你的孩子談談，如何在不覺得煩躁的時間預先處理憤怒。你可以提供一種特殊的毯子或軟式玩具，再給孩子一個角落的空間，讓他可以坐在那裡畫畫或撕紙張，或允許他在迷你彈跳床上彈跳。但是記住，親自示範如何處理你自己的憤怒，是最有效的做法。如果你在憤怒被引爆時大吼大叫或暴跳如雷，你怎能期望孩子會做出跟你不一樣的事呢？

幫助孩子處理強烈情緒的工具

一旦我們建立起基本的信念，了解所有的感受都是可以接受的，就能成為幫助者與指導教練，為孩子示範如何處理自己的強烈情緒。當孩子產生了強烈的情緒，我們的第一步就是自己要先定下心來，留意任何被他們的強烈情緒觸發的情緒或老舊故事。我們可以檢視內心並問自己：「我現在能幫助孩子嗎？我是否需要先花點時間冷靜下來，減輕我的壓力反應？」

如果你處於一個相對健康、穩定的狀態，那麼你可以成為孩子的好幫手。記住，暫停一下比情緒失控要好得多。

容忍孩子鬧脾氣

鬧脾氣是孩子表達挫折心情的方式，如果你的孩子火力全開地大鬧脾氣，那麼你除了盡力處於當下、讓他保持安全、預防他傷害到他人或破壞物品之外，其實能幫的及能做的事很有限。這真的是一件難度很高的事，因為孩子鬧脾氣可能會引爆你自己的強烈情緒，你可以利用第二章討論過的工具來照顧自己，平息自己的引爆點。

如果你能夠處於當下，可以練習讓自己落實在身體之中，呼吸，然後接受孩子的強烈情緒。當你在這麼做的時候，可以傳遞給孩子一些美好的訊息，告訴他：「我看見你了，我聽見你了，出現這些情緒沒關係，我在這裡陪你，你很安全。」如果你的孩子感到安全、沒有被拋棄，他的強烈情緒就會過去得比較快，而且這也等於告訴了他：「無論你有什麼感受，我都愛你。」請展現出你的無條件之愛。**你默默處於當下的存在狀態，是一種強而有力的回應。**

當孩子結束鬧脾氣時，請你以肢體動作表示支持，給予他擁抱、依偎、撫摸他的背等等。這些表示關愛的動作，能幫助他將那些傳遞安全與「這樣沒關係」的訊息內化，讓他更快恢復平靜。

以下是當你的孩子鬧脾氣時可以做的練習之一。請仔細讀過一遍，在情況發生時才知道該怎麼做，你甚至可以將基本原則寫在索引小卡上隨身攜帶，隨時提醒自己。

練習題：與鬧脾氣同在

在孩子鬧脾氣的過程中保持當下的覺察，是一件困難的工作，卻是值得的，這能為你的親子關係帶來許多益處。它展現的是你的無條件之愛。

做法如下：

1. 不要將孩子關進房間或孤立他，反而要跟他在一起。在你覺得舒服的範圍內，盡量靠近他，讓他保持安全，也讓周圍的物品和他人保持安全。坐著或蹲低，讓自己和孩子處於同一水平的高度。

2. 留意自己的感覺與想法。你是不是開始緊張了？若是如此，慢慢做幾次深呼吸，吐氣時盡量讓氣息吐長一點，讓你的壓力反應鎮定下來。留意自己是否有想要逃跑的感覺，如果可以的話，留在現場並對這些感覺抱持好奇的態度。承認它們，然後將注意力帶回到自己緩慢、平靜的呼吸上。

你可能會注意到自己的尷尬情緒（尤其當你在公共場所的時候）或是變得憤怒。承認這些感覺，然後重新將焦點放回與孩子同在，緩慢地深呼吸。練習放鬆自己的身體。

3. 對自己說：「我在幫助孩子。」以此提醒自己的神經系統，孩子不是威脅。不要給自己壓力，一定要用詞正確，記住，處於當下已經足夠。

當你練習在這個充滿挑戰的時刻保持不反應，就是在培養自己的能力，讓自己在將來也能如法炮製。

記住，你是在告訴孩子：「我看見你了，我聽見你了，出現這些情緒沒關係，無論發生什麼事我都在這裡陪你，你很安全。」

4. 當孩子的脾氣消退，給予他擁抱或親密的表示，不要趕著去做下一件事。慢慢地行動，給他一些復元的時間。

在你這麼做之後，留意孩子的反應與恢復時間出現了什麼樣的變化。當你能夠帶著正念覺察與鬧脾氣同在一起，請恭喜你自己！這是很難做到的事，因此是教養過程中的重大勝利。只要安然度過這場激烈的情緒展現，你就已經在療癒雙方的路上跨出一大步了。

說一個故事

每當有任何令人害怕或心煩意亂的事發生，孩子經常需要協助才能處理自己的情緒。他們的大腦已經被情緒淹沒了，因此要讓前額葉皮質（人類的口說和語言處理能力的中心）重新上線的其中一個方法，就是述說一個剛才發生什麼事的故事。在《由內而外的教養》一書中，丹．席格與瑪麗．哈柴爾探討了敘事如何做為整合大腦的一種工具。為你的孩子述說一個與親身經歷相關的故事，這能以健康的方式幫助他處理該事件與伴隨的情緒。

我在一次假期中，親身體會到說故事的力量。我們一家開了六個小時的車抵達了我的娘家，但隨即聽說祖父跌倒了，因此我父母必須立刻趕過去幫忙。突然之間，變成丈夫、女兒和我獨自待在我的娘家。我們的計畫一直在改變，直到得知關於祖父的最新健康狀況的訊息。

我的大女兒當時九歲，情緒變得十分暴躁，她因為計畫改變而氣急敗壞，還哭了起來。她跑去淋浴，一直哭個不停，我可以從浴室外面聽到越來越激烈的哭泣聲。她走出來時，還一直在哭，我走進去，張開雙臂抱住她那裹著浴巾、溼答答的身子。我開始從她的角度講述一個關於這個假期的故事，從我們離開家開始，一直講到當下那一刻的情節，中間添加了一些細節與感受。

我和丈夫都很驚訝地發現大女兒冷靜下來了，她全神貫注地聽著整個故事，這真的幫了她的忙。她不哭了，順利度過了當天接下來的時光。

如果你的孩子不是爆發最大規模的脾氣或處於激動暴怒的狀態，說故事可能是一個強而有力的工具，能幫助他處理當下的情況。你可以自己說故事，或鼓勵孩子跟你一起說故事。對於需要處理的經驗，孩子常常需要一再重複述說關於這個經驗的故事。要包容這種重複的現象，當一個保持正念覺察的傾聽者。你也可以利用娃娃或動物布偶，來演出故事裡的行為與感受，就如同兒童治療師有時會採取的做法。說故事能以一種健康、平衡的方式，幫助孩子順利度過那一天接下來的時光。

處理難受的情緒

例如憤怒、恐懼與悲傷等強烈情緒，對父母和孩子來說都是生活中難以避免的一部分。我們越是能夠接受並包容自己的感受，就越容易讓它們過去，避免由抗拒引發的受苦。「推開自己的感受」可能是一種繼承自文化與家庭的傳統，但這也是我們可以經由時間而改變的模式。若我們能帶著正念覺察認出它們，進而接受、探究，然後滋養自己的強烈情緒，我們就能在孩子需要的時候，成為他們明智的陪伴者。

這個世界所面臨的困難，似乎絕大多數都源自於人們無法處理自己的難受情緒。我們可以從翻轉自己家庭的這個模式開始做起，為將來的世世代代做出改變。

在下一章，我們會檢視如何與孩子進行更有效率的溝通。你會學到如何在說話時培養孩子的合作精神，以及哪些話會阻礙你們彼此之間的連結。在我們進入這些章節的內容之際，記得你的正念練習是由內而外做出改變的基礎。繼續練習，讓你的自我覺察能力，以及處於當下和孩子在一起的能力，都能夠成長。

本週要做的練習

- 靜坐或身體掃描靜心五到十分鐘，一週四到六天。
- 慈心練習，一週四到六天。
- TIPI 技巧練習。
- RAIN 靜心法。
- 體驗「是」與「不」。
- 與鬧脾氣同在（如果適用）。

PART

2

教養出和善、自信的孩子

第5章 傾聽才能協助並療癒孩子

當你說話，只是在重複自己已經知道的事，而如果你傾聽，可能會學到新的東西。

——達賴喇嘛（Dalai Lama）

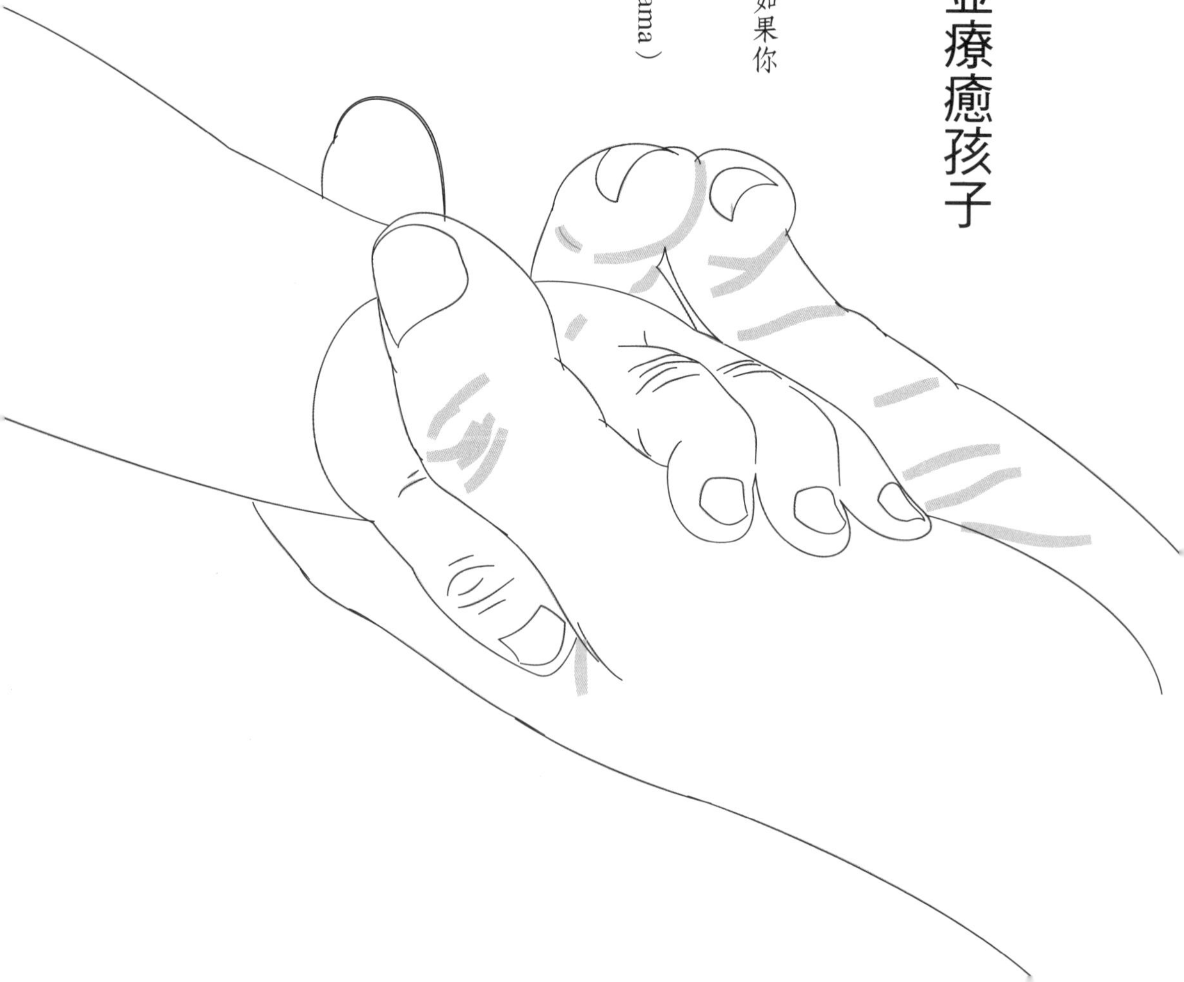

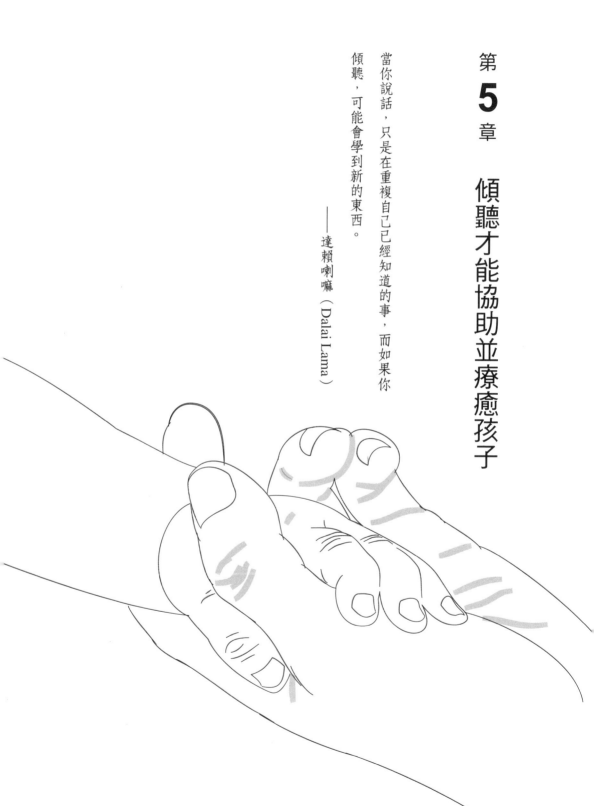

就在我剛坐下來，正要寫這一章的內容時，我女兒突然地衝進房間，整個人心煩意亂，情緒激動。「媽咪！我告訴過她，可是她不肯把房子弄成它應該要有的樣子！然後她就把積木都拿走了！」

天啊，又來了。在這樣的時刻，我的回應可以讓危機加劇，也可以讓危機減輕。一個不巧妙的回應，可能會不明智地傳遞出一連串有害的訊息，而巧妙的回應有助於讓我離那個不可企及的教養聖杯更近一步——在那裡，我的女兒能處理她自己的難受情緒。

我該說什麼呢？這個問題實在很難回答。雖然正念是幫助我們更加理智的重要基礎，但它仍不夠。為人父母者在用字遣詞上的選擇，會對日常生活造成重大的影響，我們必須確定真的意識到自己在說什麼，而非只是重複著那些童年時父母對我們說過的老臺詞，那正是有害模式代代相傳的一種方式。

本章會讓父母獲得幫助飛翔的第二隻翅膀：巧妙的溝通。

在快樂的時光下很容易巧妙行事，但是如果有人遇到問題時，就沒那麼容易了。關係中的衝突，是源自雙方都努力於讓自己的需求獲得滿足，而孩子滿足其需求的方式，可能會妨礙到父母滿足自身需求的方式，反之亦然。

舉例來說，有時候孩子遇到的問題根本不會困擾我，但有時情況剛好相反。因此，在我們回答「我該說什麼？」這個問題之前，必須知道誰遇到了什麼問題。這個工作就是你一直在練習的正念探詢。

以正念覺察處理問題

你可能會想，「以正念覺察面對充滿挑戰的時刻，這聽起來很棒。但是我女兒現在正在折磨她弟弟！」初學者之心和同理心對這種情況會有什麼幫助？事實上，問題與衝突正是練習好奇心與同理心最理想的場合。正常來說，我們會帶著「誰有錯」這種先入為主的概念，來面對這種狀況。**面對孩子的行為時，我們傾向於只看誰有錯，然而，讓心中少一點假設，確實會有幫助**。你會更有效率、更有疼惜心地解決問題，因為你會了解孩子只是在試圖滿足他們的需求（通常是以不巧妙、不成熟的方式，但那不就是孩子的特性嗎？）。

這個星期，如果你和孩子之間出現摩擦，請你問自己兩個問題：

- **我的孩子在努力滿足什麼樣的需求？**
- **這對誰而言是個問題？**

譬如，你孩子把一個背包留在走道中間，而「你」是那個遇到問題的人。這對你的孩子來說不是個問題，而是「你」要享受一個整潔居家的需求沒有獲得滿足。有時候你的孩子可能有狀況，譬如在學校和朋友吵架，而那不是你的問題。孩子的吵架不會對你的生活造成太多影響，但孩子需要連結與友誼的需求沒有獲得滿足。請開始注意，是誰的需求沒有獲得滿足？

我接下來要說的話可能會引發爭議，但同時也會讓人鬆一大口氣。準備好了嗎？

你不需要解決或修正孩子的所有問題。

什麼？那不是當一個「好」父母要做的事嗎？不是的。事實上，如果你承擔並解決孩子的所有問題，他永遠沒有機會去自行找出解決方法，那好比對他的能力投下了不信任票。

當孩子還是個無助的嬰兒時，父母確實應該努力去解決孩子所有的問題，然而，當孩子漸漸成長，父母的角色會改變，反而應該要轉變到導師的角色，去協助他們解決自己的問題。稍後你就會學到成功做到這一點所需要的溝通技巧。現在，請先盡力改變自己必須為孩子修正每個問題的心態。

開始問自己：「這對誰而言是個問題？」如果是孩子的問題，請將自己視為一個助手，而非一個擁有所有解決方案及答案的人。這可能是一種美妙的解脫，因為坦白說，你並沒有所有問題的答案，請卸下肩上的重擔吧！

練習題：這對誰而言是個問題？

練習在回應孩子之前先緩一緩，暫停一下。問自己這個問題：這對誰而言是個問題？

如果是孩子的問題，請你將自己視為一個擁有同理心的助手，而不是一個解決問題的人。你的孩子現在需要什麼？你要怎麼幫助孩子以更好的方式滿足需求？以初學者之心（詳見第一章）和好奇心面對當下的狀況，而非妄下評斷。

如果我們能不加評斷地看待衝突，就能以更深思熟慮的方式做出回應。如果我可以看見這是女兒（不是我）的問題，就能稍微抽離當下的狀況，更客觀地面對，避免情緒升高。

讓孩子「承擔」他們的問題，自己後退一步，是一件高難度卻非常重要的事。朱莉·李斯科特－海姆斯（Julie Lythcott-Haims）在著作《如何養育成人》中，分享了為孩子做太多事所造成的問題，並指出驚人的研究結果：「有直升機父母（譯註：指過度介入或保護兒女，像直升機一樣盤旋在兒女身邊的父母）的學生，對新的觀念和行動比較無法敞開心胸，而且更容易受傷害、焦慮、無法自在。一個有著總是盤旋四周的直升機父母的學生，因焦慮或沮喪而必須就醫的機率更高。」顯然，為孩子做太多，可能會造成災難性後果。

身為父母，你可能會基於社會壓力、同儕壓力，甚或家族的影響，而必須確保孩子不會遭遇挑戰與困難。在我的教養訓練課程裡，當學員過度投入於修正孩子的每一個問題時，我會教他們使用「這不是我的問題」這個咒語，來幫助他們稍微後退一步。這裡的關鍵是練習自我覺察（你的正念練習對此會有幫助），藉此了解自己並找出該如何為自己的慣性找到一個平衡點。

傾聽的療癒過程

當孩子遇到問題時，我們該如何協助他們？我女兒在兩歲時，開始用很激烈的方式亂發脾氣，通常一天要發作好幾次。我和丈夫都把她當成一顆隨時會爆發的定時炸彈。我開始焦慮與壓力上身。要怎麼應付呢？我必須學習讓自己冷靜下來，然後傾聽。

從保持理智與自我疼惜開始

首先，我必須處理自己的壓力反應。我能否在她的激烈情緒下保持冷靜？答案經常是否定的，因此我必須「消失」一下來處理怒氣。我的吼叫只會讓原本已經很棘手的處境雪上加霜，所以離開那個地方、為自己找個空間冷靜下來，是一個有益的做法。

在女兒心情沮喪時離開她身邊，對此我並不覺得舒服，但這樣總比讓我的脾氣也連帶大爆發要好得多。我學習到，當孩子身處一個安全的地方時，有時候自己暫時離開一下，可能是比較巧妙的選擇。

當我能夠保持冷靜之後，卻出現了另一個問題。我所說的話引爆了另一輪的幼兒尖叫秀！儘管保持正念已經幫助我冷靜下來，並在當下保持覺察，但結果卻因為我所繼承的說話方式，引爆了女兒的抗拒心。我所說的話，事實上是在提油救火，而非緩和情勢，但我不知道該如何以更巧妙的方式溝通，所以我開始學習該怎麼做。在接下來的幾個章節裡，我會和你分享我所學到的溝通工具，它幫助我將女兒的堅決抗拒轉化為合作意願。

有一個條件是：在學習這些讓親子溝通更有效率的方法時，記得練習自我疼惜，而且要放下自我批判的態度。領悟到自己一直以來的溝通方式，竟然會破壞親子關係，這的確會令人感到氣餒，我在這方面有第一手經驗。要記得你的正念基礎功，你的正念覺察練習會帶來你所需要的空間與清明，讓你以更健康且不加評斷的態度做出改變。羞恥與責怪並不是好老師，對你的孩子不是，對你也不是。為你的學習過程注入一些疼惜心，並且記住你不孤單；我們都會有苦苦掙扎的時候。

以傾聽建立連結

關係是建立在雙方的連結上，而連結是透過彼此的互動發展出來的，也就是透過溝通。基本上，我們都想要被看見、被聽見，特別是在最親密的關係裡。遺憾的是，我們經常在最親密的關係裡，包括親子關係，傾向於對付出關注有所保留。

可能是因為我們處於自動運作的模式，或是處於「行動」的模式，不是忙著把事情做完，就是在出門的路上，或者是因為我們手上總是拿著手機，所以只能擠出一小部分的零碎注意力來傾聽。那就是為何你的正念靜心是一種基本練習的原因。

孩子需要我們真正地「在」（處於當下），包括身體、心智與心靈的「在」，而非只會催促他們趕快把鞋子穿好。如同一行禪師在二〇〇三年的一場靜修活動裡所說的：

當你愛一個人，所能給予的最棒事物，就是你當下的存在。
如果你不在，又怎麼能夠愛呢？

每一次，你的孩子和你說話的時候，都是想要跟你建立連結，而每次他想要建立連結，請將它視為一個正念的警鐘，提醒你要暫停，然後全神貫注地傾聽。關掉手機，放下它，練習與你的孩子在當下真正地在一起。或者，你可以告訴他，你現在沒辦法認真傾聽。

若我們能練習帶著正念覺察來傾聽，全身貫注且不評斷，就能確實了解孩子真正的情況。如果父母能用這種方式傾聽，孩子會覺得被看見、被聽見。

「專注地傾聽」是幫助他人處理問題的一個黃金準則，這麼做能幫助他們藉由述說而釐清並解決問題。有時候，只需要傾聽就能找到解決辦法！我們已經展現了自己處於當下的存在，所以孩子會覺得有人了解他。孩子想要父母接受他們原本的樣子，以及不舒服的感受等一切。**「感覺被接受」就是「感覺被愛」，而這能夠療癒許多問題。**

即便我們帶著疼惜心傾聽他們的問題，也不表示我們縱容他們的選擇。反之，我們只是單純地展現自己接受他們及其感受（不見得是他們的行為）。

如果你的孩子遇到問題，全神貫注地傾聽可能會有魔法般的作用，你甚至不用說一句話，就已經溝通了千言萬語。這個星期，試試少說，多聽！

練習題：正念傾聽

讓「不說話而只專注傾聽」成為規律的練習，將它視為一種正念修習，如此一來，當孩子跟你說話的時候，你才能全然處於當下。

有什麼全然處於當下的方式？

- 將手機和其他令人分心的東西放遠一點，你才不會一直想要去查看。
- 將侵擾你的物品放遠一點之後，在身體語言方面，要將身體正對著孩子，眼睛注視著他。如果他在分享一件讓他不舒服的事，可能不想要跟你有眼神接觸，這沒關係，你們可以肩並肩坐著。
- 利用你的正念技巧，留意你的思緒是否飄到過去或未來、是否在評斷，或是在計畫如何回應孩子。
- 練習單純地保持靜定，聆聽孩子在說些什麼。你的孩子想要什麼？發生了什麼事？他有什麼樣的感受？

只要全神貫注地傾聽，將全副的身心都專注在孩子上，就能為彼此打造出強力的連結。試試看這種方式如何在你不說一個字的情況下幫助你！

利用大約一個星期的時間專注在少說話、多傾聽，這麼做能改變親子關係的內涵。你會發現自己正在中斷「想要解決一切」的舊習慣，改以更留意、更好奇的心態。最棒的是，你的孩子能夠察覺到其中的不同。

避免說出這些話

「傾聽」是能讓我們為親子關係建立堅固連結的一個重要因素；放下我們想要解決每個問題的衝動，則是另一個重要因素。那麼在這之後，我們要說些什麼呢？我們不可能永遠保持沉默，但有些回應比其他回應更好。

首先，讓我們看看有哪些話是無益的。

想像你的孩子從玩耍的沙坑跑過來找你，看起來顯然很沮喪。「蕾莉偷了我的水桶！她以前很喜歡我的，但是她跑掉了，現在都對我不好。我討厭這個遊樂場！」你要說什麼呢？

如果你和大多數人一樣，回應可能聽起來會像是以下的一種：

「好了，寶貝，我跟你打賭，蕾莉還是喜歡你的。」

「有時候這種事就是會發生，別那麼軟弱。」

「如果你願意多分享一點，你的朋友就會在你身邊。」

「你要不要好好跟蕾莉說，請她把東西還給你呢？」

「你沒事的，要不要吃個點心？」

這聽起來很耳熟嗎？很可能你已經聽過自己或其他父母用前述的方式回應孩子。現在，想像換成「你」是這些回應的接受方。將水桶和沙坑的場景換掉，想像你認識很久的朋友蕾莉不把借了很久的夾克歸還給你，而且最近還對你愛理不理的。你垂頭喪氣地去找伴侶，想要跟他聊聊這件事，而以下是伴侶對你說的話：

「有時候這種事就是會發生，別那麼軟弱。」
「如果你願意多分享一點，你的朋友就會在你身邊。」
「你要不要好好跟蕾莉說，請她把東西還給你呢？」
「沒事的，要不要吃個點心？」

不要，我不是沒事，我不想吃點心！怎麼會有人一點敏感度都沒有？然而，我們經常這樣跟孩子說話。

大多數人並沒有學過如何巧妙地回應一個遇到問題的人。前面的那些回應，沒有一個承認及認知到對方的感受，它們都沒有助益，因為所傳遞的是一種不接受的訊息。

當我們說出「如果你願意多分享一點，你的朋友就會在你身邊。」這樣的話，其實是用責怪與評斷中止了對話。當我們說「有時候這種事就是會發生，別那麼軟弱。」就是在否定對方的感受。當我們試圖幫助對方「修正」問題，而說「你要不要好好跟蕾莉說，請她把東西還給你呢？」那麼我們就跳過了承認對方感受的這個步驟，而這可能令人非常惱火。

最糟糕的部分是，所有的這些回應都會讓我們的關係出現「斷裂」現象，而在關係中能夠建立起合作基礎的，卻是我們與孩子的「連結」。

溝通的障礙

在我的正念教養課程裡，稱前述幾種回應方式為「障礙」，因為它們通常會中斷父母與孩子的溝通過程。當我們丟出這些障礙，孩子會覺得難以敞開心胸並傾聽。

溝通的障礙與例子如下：

- **責怪**：「你就是不想做這個工作。」
- **罵人**：「不要像個小嬰兒好嗎？你現在已經是大男孩了。」
- **威脅**：「如果你不是好人，他們就不會想要跟你玩。」
- **命令**：「不要這樣！」
- **無視**：「我確定沒事的。放下吧。」
- **提供解決辦法**：「你要不要……」

這些障礙所傳達的訊息，是不接受對方的想法與感受。有些回應所傳達的訊息是，對方有情緒是錯的；有些回應則是承擔為孩子解決問題的責任，但這麼做是對孩子的能力投下不信任票。

讓我們再來檢視蕾莉的情況。以下是造成溝通障礙的行為：

- **責怪：**「如果你願意多分享一點，你的朋友就會在你身邊。」
- **罵人：**「不要那麼敏感。」
- **威脅：**「如果你不是好人，他們就不會想要跟你玩。」
- **命令：**「不要說那些話，忘了吧！再交新朋友就好。」
- **無視：**「你沒事的，要不要吃個點心？」
- **提供解決辦法：**「你要不要好好跟蕾莉說，請她把東西還給你呢？」

以上這些回應都沒有特別表現出同理心，或對孩子有任何幫助；它們以不同方式傳遞的訊息是：孩子有錯、他的感受不重要，或是他的能力不足。

改變並不容易

你是否在前面的段落裡認出自己使用過的溝通模式呢？我使用過威脅、責怪，甚至罵人，而且頻率比我想得更高。得知自己的一些溝通模式毫無助益，可能是件令人氣餒與失望的事，但是請記住，你並非有意識地選擇了這些不巧妙的語言。你的溝通方式與你的文化和家族歷史有很大的關係，除非我們有意識地努力改變說話的方式，否則會不斷重複熟悉的家族與文化模式。

這不能怪你！

現在，你已經覺知到這些溝通障礙了，可能會想要立刻斷絕這些模式，然而，你必須做的是在它們出現時覺察到它們。事實上，你需要花一些時間才能停止這些模式。最有可能的情況是，你會繼續使用這些溝通障礙，同時一邊學習認出它們，甚至是事後才會發現。我有時還是會用！所以，只要在自己使用這些障礙時覺察到這件事，就是一場重大勝利了。

要學習做出這樣的改變，我們必須練習自我疼惜。我們都是會犯錯的凡人，即使我們的覺察力已經有所增長，依然會犯錯。是的，等到我們能夠做到遠離那些不巧妙的溝通模式，我們與孩子的關係就會改善。

該如何幫助孩子？

讓我們回到沙坑場景，你的孩子說：「蕾莉偷了我的水桶！她以前很喜歡我的，但是她跑掉了，現在都對我不好。我討厭這個遊樂場！」你要說什麼來回應她呢？

記得，當孩子遇到問題而來找我們，他們是想要被看見、被理解與被接受。我們可以透過「反映式傾聽」（reflective listening），展現出自己確實聽見他們了，也就是將他們言語背後的內容與感受反映回去。你可以說類似這樣的話：

「喔，寶貝，你真的覺得很難受！現在遊樂場一點都不好玩了。」

這麼說等於承認了當下發生的事，而且為孩子開啟了一扇門，讓他願意多講一點。你現在正在接受孩子的感受。這種同理的回應有時也稱為「積極傾聽」（active listening），或是「情緒指導」（emotion coaching），因為它能幫助孩子學會如何調節自己的情緒。

這麼做之後，接受的一方有何感受呢？讓我們再次想像蕾莉是你的朋友，最近對你愛理不理。你覺得很難受，於是向伴侶提起這件事。你的伴侶沒有說「我確定不會有事的」，而是說「喔，寶貝，這太糟了！這真的會讓你很困擾。」你會如何接受這兩種回應呢？

反映式傾聽實作

每當有人遇到問題而心情沮喪，我們在進行反映式傾聽時，需要去猜測對方的感受，並為它取一個名字。記得下層腦主要負責人們的感受嗎？當孩子沮喪的時候，情緒腦就接管了。若我們能夠給予感受一個中性的標籤，便能幫助孩子轉而運用上層腦，也就是主要負責邏輯、自我控制、語言與做決定的那部分大腦，讓上層腦重新參與。

練習題：反映式傾聽

1. 保持正念並注意聽。
2. 傾聽事實與對方內心的感受。

3. 以你的了解來回應。
4. 表達出同理心。

你的首要任務就是保持正念並注意聽。將全副身心都集中在孩子身上，傾聽他話中的事實與感受。當回應的時機來臨時，便和孩子分享你的了解，這能讓他知道你正在傾聽。

如果你的回應正確，那麼孩子會覺得自己被了解，也會對自己的問題獲得一些洞見。即使你給了一個無效的回應（你猜測他的感受，但猜錯了），依然能協助孩子釐清他自己的感受與思緒。如果你的「猜測」感覺起來不對，孩子可以（也會）提出糾正，然後你們便可以繼續溝通。

反映式傾聽可以像反映回去那麼簡單，例如，對膝蓋擦傷的孩子說：「唉呦，好痛！」而不是「沒關係，別哭」。或者，它也可以變成較複雜的「剝洋蔥」情況，亦即在層層剝開後，揭露出最根本的問題。舉個例子：

一個七歲孩子在放學回家後說：「我明天不想去上學了。不只明天，再也不想去了。」
父母：「你再也不想去上學了。」
兒子：「不想，而且，我再也不想在操場看見梅森。」
父母：「聽起來你在為梅森煩惱。」
兒子：「他老是嘲笑我，因為我不認識《忍者神龜》（*Teenage Mutant Ninja Turtles*）

裡面的角色，一個都不認識。所有的小孩都在玩它的電動遊戲，我不能玩，因為我不認識那些角色。我沒有看那部卡通，好不公平。」

父母：「你希望自己可以看那部卡通。」

兒子：「對呀！其他小孩都知道那部卡通，就因為我不知道，他們就不跟我玩。」

父母：「聽起來你覺得自己被冷落了。」

兒子：「以前奧利佛跟我同班的時候好玩多了。我們很喜歡一起玩，下課的休息時間會一起畫畫。他轉到別的學校了，好討厭。」

父母：「你很想念奧利佛。」

兒子：「下課時間有他在就很好玩。但有時候盧卡斯也會跟我一起玩，他滿酷的，我們在樹下玩的時候，梅森就不會煩我們。我可以看看他明天要不要一起玩。我可以帶我的星際大戰人偶去！我明天可以帶到學校嗎？」

父母：「當然可以，寶貝。」

這位父親或母親沒有無視孩子的感受或使用其他溝通障礙，而是將孩子的情況反映回去，讓孩子自行釐清並解決問題。有時候，我們運用反映式傾聽時，孩子會覺得真的被聽見、被接受，故事的外殼便像這樣被層層剝開了。這個孩子透過盡情傾訴而解決了自己的問題。如果父母立刻就說：「休想。你明天要去上學。」那麼他永遠不會知道孩子到底在煩惱什麼。

約翰的故事

哈珀從學校放學回家後，對一個常對她擺臭臉的女孩感到不滿。她不斷痛罵這個女孩有多惡劣。約翰問哈珀，她對那個女孩的怒目相向做何反應，她回答說自己用皺眉回應。約翰問哈珀，這是否有幫助，她說沒有。

約翰試圖打破負面的思考方式，請哈珀告訴他，那個女孩身上有什麼她喜歡的地方（約翰試圖「修正」這個問題）。「她很會畫畫嗎？你喜歡她的髮型嗎？鞋子呢？」

約翰建議女兒，下星期一上學時，一見到那個女孩就對她說一些好話。

星期二，約翰到學校接哈珀回家時，看見她眼神黯淡。約翰問哈珀，今天在學校過得如何，她馬上淚如雨下。這次，約翰想起反映式傾聽，便說：「很遺憾你覺得受傷了，在一個新的學校上學很不容易。我知道你很難過。」約翰讓哈珀哭泣，然後哈珀告訴他，班上那個女孩到底有多糟糕、多惡劣，而約翰不企圖糾正哈珀，只是抱著她。

一個星期之後，約翰問哈珀，跟班上那個女孩相處得如何，她說：「很好啊！」

讓我們看看另一個例子。想像你五歲的孩子拒絕上床睡覺，她坐臥不安，還興致勃勃地宣稱：「我今天晚上不要睡覺！」你心想：「喔，不會吧！」但是，你想起自己要承認發生在她身上的情況，於是將情況反映回去：

父母：「聽起來你真的很不想去睡覺。」
女兒：「把燈關掉真的很恐怖，我睡不著。」
父母：「黑漆漆的讓你很害怕。」
女兒：「對啊，黑漆漆的時候，看起來好像有蛇在衣櫃裡！」
父母：「喔，天啊，聽起來好可怕！難怪你不想去睡覺。」（給她一個擁抱。）

由於父母傾聽了孩子的話，才會了解發生了什麼事，進而提供有效的協助。在這個例子裡，父母把燈關掉，然後躺在女兒的床上，注意到掛起來的衣服形狀。「嗯……那些衣服真的看起來很像蛇。讓我們確認一下衣櫃的門是不是關上的。」注意到這件事，幫女兒解決了問題。在你學會這些工具之後，記住要走兩種極端之間的中道。

反映式傾聽也適用於嬰兒和還不會講話的孩子。想像你的寶寶正在哭，你可能會說：「不哭，噓——沒事的。」如此傳遞的訊息是，寶寶的感受不被接納。

反之，你可以說：「喔，你的心情很不好，我們來看看是怎麼回事。」這麼做是承認了寶寶真實的現狀。你才剛餵過他，所以你可以檢查一下尿布。「這噁心的尿布感覺一定很不舒服，對吧？」同樣地，這是在承認當下發生在孩子身上的事，以及他可能會有的感受。

這些話表達出接受的態度，而不巧妙的「別哭」這種語言則不是。你撫慰人心的聲音和表示同理的表情，等於是在承認他的現狀，並讓你能在情感上與他產生連結。

對寶寶這麼做，就是在練習使用巧妙的語言，將來你也能將這個技巧運用在孩子身上。

反映式傾聽的問題

當你開始使用反映式傾聽這個新工具，將孩子的感受與體驗反映回去時，可能會犯一些錯。最常見的就是在自己的狀態不適合傾聽的時候，勉強發揮同理心去傾聽。你可能被孩子搞得很氣餒、很煩躁，或是覺得疲倦不堪，難以招架。

如果你感覺無法傾聽，那麼要坦白地直接告知。「我現在感覺還沒準備好要聽你說話。我們可以等一下再說嗎？」

另一些反映式傾聽的常見錯誤包括：

- 像**回聲**一樣，或一字不漏地對孩子重複他剛才說過的話。這可能會激怒孩子，導致更多衝突。你要做的是，以你的了解去詮釋孩子所說的話。
- **誇大或淡化感受**。如果你的孩子真的感到非常生氣和挫折，你卻對他說：「遊戲取消了，你覺得有一點失望。」那麼孩子可能不會覺得你確實聽見他在說什麼。
- **每一句回饋都用同樣的句子開始**，例如不斷重複說：「我聽見你說⋯⋯」我最初學習這個技巧時，就不只一次被女兒逮到這個錯誤。
- **對孩子說的「每件事」都運用反映式傾聽**。記得默默傾聽的方式嗎？靜默或其他單純的承認方法，在許多情況下是比較適合的，反映式的回饋則是孩子遇到問題時，一個很有助益的方法。

反映式傾聽是一種需要專注與練習的技巧。剛開始，你可能會對自己正在使用一個新「方法」，而且做得還不夠巧妙，感到不太自在。別擔心，這是意料中的事。多多練習真的很有幫助！你可以在居家的日常生活中練習，也可以在工作時練習。當你在遊樂場聽見其他父母所說的話，甚至可以在心中將你的反映式傾聽的回應變成一道公式。你對反映式傾聽下越多功夫，就會運用得越自然，你也會變得越巧妙。

記住，反映式傾聽是孩子**遇到問題時**一個很棒的工具。在下一章，你會學到當自己遇到問題時該怎麼做。

傾聽能強化關係

巧妙地回應孩子，要從大量的正念開始：分辨此時此刻的真實情況，你自己和對方的感受與想法，以及現在是誰遇到了問題。如果你分心、壓力過大，或處於自動運作的待辦事項模式，你的回應很可能不會奏效。**有效解決問題的主要步驟是處於當下，真正地傾聽，看見並聽見孩子，**

同時沒有那些一直冒出來的批判性想法。當你能夠冷靜理智、心智清楚，而且處於當下，就能看見是誰遇到問題，以及該如何幫忙。

因此，持續做你的正念練習，這些是你最不可或缺的基礎。除此之外，要觀察各種活動中出現的溝通障礙，留意它們是否在自己、家人或其他人身上出現，留意人們如何回應那些障礙。在練習反映式傾聽的技巧時，剛開始若覺得自己很笨拙，這是沒關係的，如果這不是你童年時父母為你示範的溝通方法，請提醒自己，這就像是在學習一種新的語言。對自己多一些寬容吧！

我們會在下一章談談你遇到問題時該怎麼做，你可以直接跳到下一章，但我鼓勵你先花一些時間練習本章學到的內容。這些技巧是相輔相成的，因此在踏出下一步之前先練習反映式傾聽，是個聰明的做法。

本週要做的練習

- 靜坐或身體掃描靜心五到十分鐘，一週四到五天。
- 慈心練習，一週四到六天。
- 留意溝通障礙的使用情況。
- 練習反映式傾聽。

第6章　說正確的話語

對待孩子時，要把他當成他有能力成為的那個人。

——海姆．吉諾特（Haim Ginott）

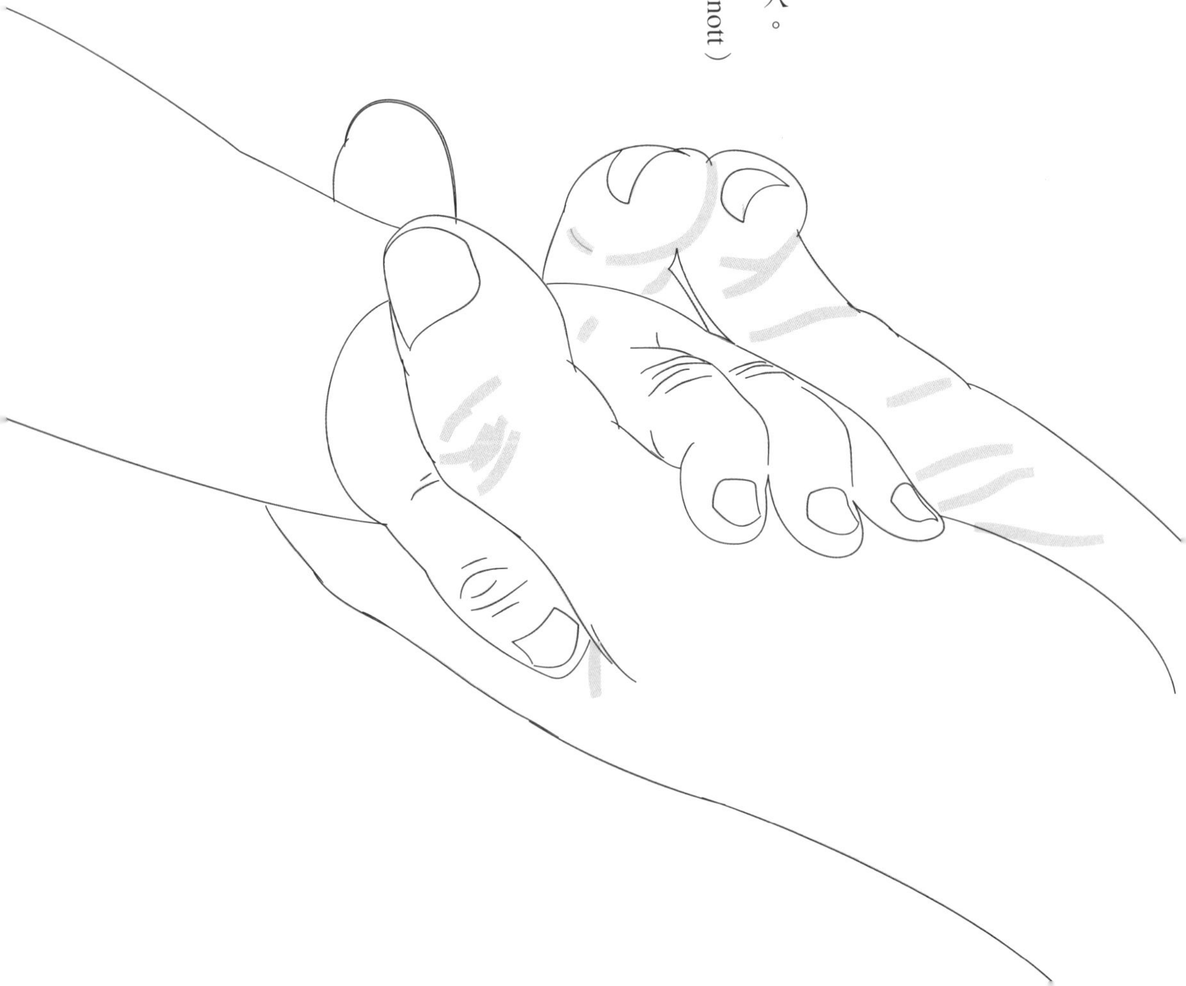

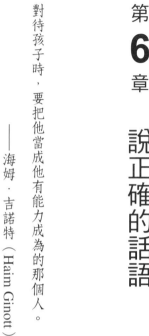

懷孕前，我是個精明能幹、做事一把罩的成功女性，後來，教養孩子這件事徹底打敗了我。我在開始致力於減輕自己的壓力反應後，才得以稍微冷靜一些，這幫了我一個大忙，但我依然不斷對孩子說出一些不巧妙的話，導致她幾乎處處對我抵抗到底。

有一次，在一個普通的居家日子裡，我女兒開始抱怨，拒絕穿上鞋子。我可以感覺到自己內心的挫折感逐漸升高。我過去已經應付過許多難搞的事，便對自己說：「我可以應付，我可以讓自己冷靜下來！」我深深地吸了一口氣，然後慢慢地吐氣，感覺肩膀稍微放鬆了一些。

接著，我用和藹的口氣說：「瑪姬，穿上鞋子，我們現在要出門了。」

結果沒用。

「不要，我不想穿！」她說道。

「穿上鞋子，我們現在要出門了。」我說道。

砰！「不要！我不想穿！」然後是眼淚狂飆，尖叫不止。

情勢急轉直下，我的冷靜在瞬間破功，忍不住開始大吼。我使出肢體手段，用角力的方式硬是將女兒的腳塞進鞋子裡，結果我們倆都灰頭土臉，淚流滿面，這可不是值得一提的光彩之事。

到底怎麼了？

我身為母親的最慘痛失敗，從我說的第一句話就開始了。我使用的語言點燃了她的抗拒心態（又一次）；我不斷命令她，而她不喜歡這樣。

當你遇到問題時

在前一章，我們學到如何傾聽孩子，以便幫助他們解決自己的問題。傾聽是幫助他人及建立連結的黃金準則。帶著正念覺察去傾聽，能讓你的「關係銀行帳戶」有所進帳，逐漸建立一個更穩固的連結基礎。光是這麼做，就能激勵你的孩子更加合作。

但是，當「你」自己遇到問題時，該怎麼辦？在本章裡，你會學到如何透過與孩子對話，讓你自己的需求獲得滿足，同時也讓你們的親子關係長期下來保持親密並互相連結。

為你的需求培養覺察力

每個人都有需求，包括睡覺、獨處、寧靜的環境、與朋友相處的時間、健康的食物、運動等等。但是，身為父母，我們經常無法滿足這些需求。我們受到社會的制約，為了孩子而將自己的需求擱置一邊，特別是在孩子的嬰兒階段。有些人很自然地傾向於將運動、靜心、與朋友相處的需求，排在孩子的活動之後，如果你就是如此，請聽清楚了：

你的需求，跟孩子的需求一樣重要。

要解決需求相互衝突的問題，答案不在於假裝你沒有這些需求，或者它們不重要，或者它們可以延後十八年或更久的時間。若想擁有一個沒有埋怨且永續的健康關係，你必須從覺察自己的需求開始做起。

你的需求是什麼呢？有時候我們已經太習慣否認自己的需求，以致除了基本需求之外，都忘記自己的需求是什麼了。花一點時間做以下的練習，看看有哪些需求需要你多加關注：

練習題：你的需求是什麼？

瀏覽下列基本的人類需求表，這份清單並不完整，只是個開始，能幫助你建立自我覺察，並看看生活中有哪些方面需要你多加關注。記住，若你能在生活中照顧好自己，你的孩子也會以你為榜樣。在「正念教養」日誌裡，寫下你需要多多關注的需求。

情感	和諧	休息／睡眠
空氣	幽默	安全
欣賞與感謝	包容	自我表達
美	獨立	性的表達
選擇	親密	庇護所
溝通	喜悅	空間
社群	學習	穩定

陪伴	愛	刺激
輕鬆自在	哀悼	支持
同理心	活動／運動	觸摸
平等	秩序	信任
食物	意義	溫暖
自由	尊重／尊重自己	水
成長		

現在，想想該如何讓那些一直被忽略的需求獲得滿足。就在這個星期，有哪個具體行動是你可以採取的？例如，與朋友見面喝咖啡，或預約安親服務？在你的「正念教養」日誌寫下你的目標，然後採取行動！

為子女示範健康的界限

記得嗎？我們說過，孩子做父母在做的事，會表現得很棒。如果父母能為孩子示範如何照顧好自己的需求，就能教育孩子在自己的生活中如法炮製。如果你是個積極討好他人的人，那麼你可能有一位父母是將他的需求放在最後的。現在，該打破那個世代相傳的不健康模式了，這是為了你自己，也為了孩子。

如果想教養孩子成為好人，你就需要巧妙的方法來讓孩子知道，他的行為侵犯到你的需求。孩子需要健康的界限。研究顯示，在孩子的成長過程中，若父母的態度是縱容的，亦即無法堅守健康的界限、對適當行為的期望，那麼孩子較容易成為自我中心、缺乏自我管理、無法控制衝動的人，而且跟其他孩子比起來，有更高的機率會濫用藥物。我們可以用來代替縱容的做法，是為自己與孩子的心理與情緒健康，設下健康的界限。

孩子，按照定義而言，本來就是不成熟的。我們可以預期他們難免會讓人感到惱怒、煩心、挫折。孩子很可能會粗心大意、凌亂邋遢、破壞性十足，但他們並非出於惡意，只是純粹想滿足自己的需求罷了。當他們的行為干擾到我們的需求，我們必須找到不會引起他們憤恨與抗拒的溝通方法，唯有如此，長遠下來親子之間的連結（以及父母能發揮的影響力）才能保持堅固。

溝通障礙

如同前一章討論過的，我們來看看該避免說些什麼。在此，同樣的障礙也適用：

- 命令
- 威脅
- 建議／提供解決辦法
- 責怪

● 罵人／評斷
● 無視

使用以上這些方法，會讓你和孩子的溝通之流中斷，導致孩子的內心憤恨不平。

要了解這些障礙是什麼，最好的方式就是親自體驗。在下一個練習題裡，我會請你想像自己是個孩子，當父母使用這些障礙時，你會有什麼感覺？

練習題：溝通障礙實作

想像你是個六歲孩子，將零食散落在地板上（如果這難以想像，可以想像自己身為室友的狀況）。你的心思陷入某件事裡，例如一本書、一道難題、一個專案等，導致你忘記收拾垃圾。想像以下每一句話都是來自你父母（或室友）的回應，然後以你身為孩子的視角，寫下最真誠的回應。這種語言讓你有何感受？設身處地體會孩子的感受：

「馬上給我撿起來，我不想看到亂七八糟的東西留在這裡。」（命令）

「如果你現在不撿起來，我就減少你使用 3C 產品的時間。」（威脅）

「你應該清楚，不該把亂七八糟的東西留在地板上。」（責怪）

「如果我是你，我會在結束後把這些亂七八糟的東西清理乾淨。」（建議／提供解決辦法）

在日誌裡寫下你的反應。另一個很有幫助的做法，是對你的伴侶念出這些話，讓他將自己的回應記錄下來。利用這些句子做為對話的起點。

前面練習題裡的這種語言讓你感覺如何？你想要跟對方合作嗎？還是心中感到些許怨恨？你的答案可能會讓你恍然大悟。如果你了解到，自己使用的語言一直是孩子的怨恨與抗拒來源，請練習自我疼惜（第三章）。記住，這可能不是你有意識選擇使用的語言，只是你所繼承的不巧妙語言，你有能力做出改變。若你能練習使用更巧妙的語言，經年累月下來，這件事就會變得更容易、更自然。

- **命令**：讓我們來看看第一個障礙，命令。「馬上給我撿起來，我不想看到亂七八糟的東西留在這裡。」從孩子的觀點來看，很容易理解為何命令會引發怨恨。孩子每天都得面對來自大人的大量命令，他們抗拒別人老是告訴他們該做什麼。父母在下馬威，而孩子可能想要「保全面子」。
- **威脅**：第二個障礙是威脅。「如果你現在不撿起來，我就減少你使用3C產品的時間。」威脅會導致孩子類似的抗拒心態。他們會覺得受到強迫與操縱。在這個例子裡，孩子被逼到走投無路，要不是抗拒，就是屈服，但無論是哪一種，都會導致他們心生怨恨。雖然威脅的方法可能當下「奏效」，但是會讓孩子將來自動自發與你合作的機率更低。

- **責怪：**「你應該清楚，不該把亂七八糟的東西留在地板上。」「有時候你真是個懶惰鬼！快把亂七八糟的東西清理乾淨。」責怪與罵人是在貶低對方。若父母做出這樣的回應，是在強調錯誤，暗示孩子的品格有問題。孩子可能會覺得有罪惡感、不被愛、被拒絕；孩子會覺得父母不公平，經常抗拒父母想要傳遞的訊息，而合作（或從孩子的觀點來看，屈服）就等於承認父母的話是對的。
- **罵人：**貶低是一種藐視，會對親子關係產生破壞效果。**你和孩子的親密感與連結感，是讓孩子想要與你合作的原因。**無論是責怪或罵人，都會破壞那樣的連結，應該完全避免。
- **建議與提供解決辦法：**你是否提供了很多解決辦法呢？「如果我是你，我會在結束的時候把這些亂七八糟的東西清理乾淨。」這聽起來可能沒有像其他溝通障礙那麼嚴厲，但通常也得不到想要的效果，而且容易導致怨恨。你是否曾碰過這種情況：你已經準備好要對一個人做一件好事，而那個人卻指示你去做你原本就想做的同一件事？你的反應可能是：「我不需要別人跟我說。」或你可能會被激怒，因為對方似乎不信任你，不認為你可以自己做到。建議和命令的問題，都在於孩子不喜歡別人告訴他該怎麼做。這也會傳遞出一種訊息，表示你不信任孩子能靠他自己來解決問題。

你能看出這些非常典型的回應如何引起怨恨了嗎？它們可能已經在你的孩子內在創造出一種抗拒模式了。當你用孩子的視角來看它們，便可以看出有些溝通障礙是不禮貌的，甚至是粗魯、不客氣的。然而，大人這樣對孩子說話，在社會上卻被大眾廣為接受。不過，這些障礙的最大問題是它們根本無效，這種語言其實適得其反，因為它們導致孩子抗拒並怨恨父母的要求，而讓孩子與父母合作的機率更低。

「你訊息」的問題

如果你仔細看看以上討論的不巧妙語言，會發現一個共通的主題：這些訊息全是關於「你」（對方）。孩子會將這種「你訊息」（you-message）體驗為一種批判性的評價，而這會激發怨恨的感受。

試著這樣想：如果我的需求無法獲得滿足，例如我很累、很暴躁，但因為到處都是孩子的東西而無法好好享受生活空間，這是「我的」問題。

然而，我們卻用一堆「你訊息」來表達自己，在這個過程中攻擊孩子。

更好的說話方式

好消息是，由於說話的語言和習慣是學習得來的，因此也可以拋開它們。認知到「自己的慣性做法與模式是無效的」這一事實，就是中斷那些舊模式，並創造新的有效說話習慣的關鍵步驟。請不要因為自己說話不巧妙而責怪自己，反而要慶祝自己出現新的覺察，開啟了與孩子進行正念溝通的新模式。

意圖具有轉化的作用

我們無法為一座沒有基礎的房屋砌上屋牆。我們的意圖構成了溝通的基礎，要改變語言，必須先改變我們的意圖。

讓我們實際一點：與孩子互動的過程中，父母通常會試圖操弄孩子，強迫他們做一些事。我們必須改變自己的思考方式，去除那個試圖改變對方以表達自己未獲滿足之需求的意圖，而這就是正念訓練能派上用場的地方，它能幫助我們更加覺知到表面底下所發生的事。無論情況如何，我們都能對表面底下未獲滿足的需求保持好奇心；若我們能潛入這個深層領域，就會產生對自己和孩子的疼惜心，便能帶著對自己和對方感到好奇與關懷的意圖，來表達自己。

然而，我們通常出於一個截然不同的意圖，潛意識心態可能是：「我不信任你，我必須強迫你按照我的意思去做。」讓我們想想，如果你改從另一個觀點出發，你的互動會有何變化，那個觀點就是「我需要確保我的需求獲得滿足」。在所有的人際互動裡，我們都在試圖讓自己的需求獲得滿足，我們若能從自己和孩子身上看見這一點，那麼責怪及評斷的態度就會自然地消散。

意圖很重要，因為如果父母使用了這種新語言，卻仍帶著同樣的舊意圖來操弄孩子，可能不管用。孩子會立刻識破父母，從而抗拒父母發出的訊息，並將這些訊息視為變相的控制手段。如果父母只是試圖應用「技巧」，而非真的將意圖轉為好奇心與關懷，孩子會察覺到其中的不同。

我們已經看見了威脅與命令如何降低孩子的合作意願。那麼，是什麼會讓他們想要合作呢？一份強烈的連結感，以及針對孩子的行為如何影響你的需求這件事，與孩子誠實溝通你的感受。

巧妙的正面處理：「我訊息」

如果我們能避免責備與羞辱的做法，而是檢視孩子的行為如何影響我們，那麼我們的言語自然會轉移至「我」的觀點出發。「我訊息」（I-message）是巧妙溝通法中已通過驗證的方法，這種句子通常以「我」而不是「你」開始。「我訊息」的優勢，在於它們能幫助我們滿足需求，同時又不需要讓孩子採取防衛姿態。這種訊息也能幫助我們勇於承認自己的感受，而非暗示它們是由孩子造成的。父母可以使用「我訊息」，以尊重且不攻擊孩子的方式表達自己的需求、期望、問題、感受，或對孩子的擔憂；甚至可以使用「我訊息」，更巧妙地表示讚美或感謝。

如之前看見的，我們面對衝突時使用的語言都是不怎麼有效的、從「你」出發的：

「你弄得亂七八糟。」

「如果你不停止，我就……」

「你應該懂的。」

「你的行為像一個嬰兒一樣。」

「你不應該那樣做。」

但是當父母換一種語言，轉而對孩子說出，那些令人無法接受的行為讓父母有何感受，這樣的說法就會轉變成「我」觀點的訊息。

「我看見這裡亂七八糟的，就覺得很氣餒。」
「我現在不想和時間賽跑，因為我很累。」
「每當我們必須趕時間，我就覺得壓力重重。」

孩子接收「我訊息」時，會將它視為形容父母感受的一種事實陳述，因此比較不會引發他們的抗拒心。

如何使用「我訊息」來面對孩子的棘手行為呢？可以從運用你的正念基礎自我檢查開始：這樣的情況讓你有什麼感受？你有什麼想法與需求？你的身體是否有任何感覺？

一旦你覺察到該行為對你個人產生的影響，便可以坦白地與孩子分享。若你能以誠懇、和藹的態度，表達自己身上發生的事，孩子就沒有什麼好爭辯的。

現在，你的陳述激起的是同理心而不是抗拒，這能幫助你和孩子一起合作，因為是他想要這麼做，而不是被強迫。

舉例來說，想想那個零食散落一地的孩子。再次想像你是那個孩子。這次，父母蹲下來到你的高度，眼睛看著你說：「這些東西掉在地上讓我覺得很沮喪，因為這樣我就不能好好享用這個房間了。」身為孩子的你有何感受？你會如何回答？

湯瑪斯．葛登（Thomas Gordon）創造了「我訊息」這個詞彙，並在《教養效率訓練》一書中首次描述它。

根據葛登的說法，一句明確的「我訊息」包含三個部分：對行為的非責備描述、它對你造成的影響、你的感受。

1. **描述行為：**使用簡單、不帶評斷的陳述，例如以「你沒有梳頭的時候……」取代「你的頭髮好亂！」

2. **描述具體的特定影響：**它對你造成了什麼影響？這部分的重點必須是針對你，而不是他的手足或其他人。你有什麼需求無法獲得滿足？必須是它對你造成的有形且具體明確的影響：

- 讓你花費了時間、精力或金錢，例如：要換墊子、修補破洞、多做一些不必要的差事。
- 妨礙你去做想做或必須做的事，例如：準時抵達某處、上網、享用客廳的空間等。
- 讓你的身體或感官不舒服，例如：吵鬧聲、疼痛、緊張等。

3. **分享你的感受：**你對這個行為最坦白而真誠的回應是什麼？你感到失望、憎惡、受傷、難過、尷尬或害怕嗎？

「我訊息」要求我們走出無所不知的父母角色，做一個有血有肉的真實的人類。我們必須以正念覺察檢視自己內心，而非只是針對對方做出情緒反應。我們當然也必須暫停下來，想想自己要如何回應。「我訊息」的實作例子為何？

「我告訴過你要立刻把玩具收好！」變成「地上都是你的玩具，我會覺得很煩，因為我會踩到它們，然後我的腳會很痛。」

「別踢我！這種行為很糟糕！」變成「哎呦！我的小腿骨真的很痛耶！」

「不要再吼叫了！」變成「你吼叫的時候，我聽不到任何內容，我覺得很煩躁、很沮喪。」

「你怎麼那麼懶惰！沒人要把這裡清理乾淨。」變成「我看見這堆亂糟糟的東西，會覺得很失望。」

練習題：不帶評斷的描述

要防止評斷脫口而出，不是一件容易的事！由於我們的心念持續不斷地在評估世界上的威脅，評斷就很容易頻繁地出現。沒關係。記住，你練習什麼，什麼就會變得更強大，所以，讓我們來練習不帶評斷的描述吧。

在你的「正念教養」日誌裡，練習將以下陳述轉變為對行為的非責備描述：

孩子在晚餐後拒絕幫忙清理時：「你好自私！」

孩子把衣服亂丟在地上時：「不要那麼邋遢。」

孩子在揶揄自己的手足時：「那樣很粗魯、沒禮貌。」

孩子不將玩具收拾好就離開時：「你老是弄得亂七八糟。」

如果我們能改變言語中的責備與評斷，就能自然而然地與孩子建立更親密的連結。如果你覺得做起來不容易，也不必擔心，即使只是練習暫停下來思考該說什麼，也能讓你的說話方式獲得改善。

「我訊息」是與孩子溝通時避免引發抗拒心的最巧妙方法，但這不容易做到，需要一些技巧與練習。你必須要蹲下來與孩子同高，彼此眼神接觸，然後重複你的「我訊息」數次。

預期會遭遇抗拒

「我訊息」有時候會立刻將孩子的行為反轉過來，但並非每次都能成功。如果我們一直習慣使用溝通障礙，孩子不一定會立刻接受我們的「我訊息」，至少剛開始的時候是如此，因為他們也陷入了抗拒的習慣裡。

想像火車以時速九十英里的速度往一個方向行駛，你想要讓火車轉向，但是它仍帶有大量的動能，因此，需要一些時間與持續的努力，才能讓火車停下來，轉向，朝另一個方向行駛。然而，付出努力是值得的，長時間下來，它肯定會讓教養這件事變得越來越輕鬆。

「我訊息」的疑難排解

在學習這種新的說話方式時，你難免會犯一些錯。

讓我們來看看使用「我訊息」時的一些常見問題：

喬裝成「我訊息」的「你訊息」

每一次你迫切想要在「我覺得／感覺」之後，加上「（你）好像」（譯註：原英文為 feel like）時，它可能就不是描述你自身情緒的字眼。例如：「我覺得你好像很自私。」「我覺得你好像沒有在聽我說話。」

並非所有以「我覺得／感覺」開頭的句子都是「我訊息」。

矛盾或不真實的感覺

孩子能分辨出父母是在對自己的感受輕描淡寫或誇大渲染，他們會將它視為不誠實。

例如，你看見自己年幼的孩子抓著除草機瘋狂奔跑，而你卻輕描淡寫地說：「我覺得有一點不舒服，因為你可能會受傷。」或者你誇大自己的感受：「我覺得驚恐萬分，嚇得半死，你居然在祖母家的椅子上搖搖晃晃的。」

在這兩個例子裡，「我訊息」的表達，無論是力道不足或太過頭，都會讓孩子識破它。

忽略了相關的影響

有時，光是告訴孩子，你對他的行為有何感受，是不夠的，如果在你說了之後卻無效，問題可能出在忽略了解釋該行為對你的影響。當我對女兒說：「你在吃晚餐的時候一直搖桌子，我覺得很惱火。」她可能不太在乎，但如果我的描述包括「這讓我無法安穩地吃東西」，結果便可能極為不同。

有關孩子行為的影響，可能是「我訊息」裡最困難的部分。你要如何形容單純的壓力？我了解到，肌肉緊繃等身體上的不舒服，都是合理的影響。譬如，你可以說：「你在屋子裡吹的哨子聲很尖銳，我覺得很煩，壓力很大，還讓我肩頸的肌肉都緊繃了起來，完全無法放鬆！」

描述它對別人的影響

若你描述的影響是針對你，也就是發出訊息的人，那麼你成功的機率會更高。處理手足之間的衝突時，我們通常會犯這個錯，例如你可能會說：「我對自己看見的事覺得很難過。你打傷了妹妹！」儘管這是個重要的訊息，但在那樣的時刻卻無法發揮強烈的激勵作用。你可以改成說：「我看見你打人時覺得很難過、很沮喪，我一刻都無法放輕鬆或享受和你在一起的時光！」（然後安撫那位被傷害的孩子。）

如果你在另一個房間以大聲喊叫的方式說出「我訊息」，那可能不會管用。如果你的意圖是讓對方覺得羞恥或責怪對方，那也完全不會造成任何改變。永遠要記得，**是你與孩子之間的連結構成了一個基礎，讓他想要與你合作、幫助你滿足需求**。所以，把連結建立起來吧！停止你手邊正在做的事，蹲低到孩子的高度，看著孩子的眼睛，然後分享你的訊息。寫下這個咒語：

連結，然後再連結。

要讓你對問題的正面處理變得慈愛、有效，就必須從試圖滿足你的需求、維繫親子關係，以及幫助孩子看見其行為造成的影響，這樣的非評斷觀點出發。

正面的「我訊息」

在我們結束關於「我訊息」的討論之前，我想要指出，它們也是傳遞正面訊息的強大工具。我們可以利用「我訊息」來讓自己的讚美更生動、更明確。

例如，與其說「你真是個好女孩，會幫媽咪的忙！」不如改成說：「看見你幫忙清理桌子，我真的感覺很棒！」當我在校車站牌遇到女兒時，通常會說：「我好高興看到你！」而不是拋出一堆詢問上學情況的問題來轟炸她。

正面的「我訊息」是為孩子的情緒帳戶「存款」的絕佳方式。

若你將注意力集中在認可正面的事物上，便能建立起一份強大的連結，在日後需要正面處理問題時，派上極大的用場。

練習題：構思正面的「我訊息」

讓我們對伴侶、朋友或家人發送一些表達感謝心意的訊息，讓他們知道你有多重視他們。回想一下對方曾說過或做過、讓你的生活變得更美好的事。你要如何不帶評斷地描述該行為？它如何影響了你的生活？它讓你有何感受？

就在現在，在你因其他事而分心之前，拿起電話，或利用簡訊將你的「我訊息」發送給那個人。觀察這種做法如何發揮影響力，讓你們的關係變得更好！

在運用「我訊息」的初期，會需要你付出許多努力，但是長遠下來，你會獲得回報的。當我們利用威脅來教養，教養會隨著時間而變得越來越困難，但是當我們帶著慈愛與有效的溝通（例如「我訊息」）去正面處理孩子的行為時，教養會隨著時間而變得越來越簡單，因為孩子已經習慣於給予並接受尊重。

現在，讓我們來看看還有什麼其他方法，能在不當令人討厭的刻薄父母的情況下，讓我們的需求獲得滿足。

使用朋友濾網

在壓力很大的情況下，可能會難以施展「我訊息」，特別是在你剛開始學習的時候。巧妙溝通的另一種方式，是使用我所謂的「朋友濾網」。

我們會對孩子發號施令，或是責怪、威脅、罵他們，我們對孩子說話的方式，是我們從來不會對朋友或朋友的孩子使用的。

我們不停地下命令：「穿上鞋子。」「去刷牙。」「過來這裡。」從孩子的觀點來看，我們的命令是冷酷無情的，因而孩子會對那些控制性的言語感到不服氣，這是一種從親子關係帳戶裡提款的行為。

我的意思不是你不該叫小孩刷牙，但你能否用巧妙一點的方式說話呢？使用「朋友濾網」問問你自己：「我會怎麼對好朋友說？」或者更好的是：「我會怎麼跟朋友的孩子說？」這種思考方式在各種情況下都能幫助你，包括餐桌禮儀到遊樂場活動等。

它也能幫助你記得使用「我訊息」：「把鞋子從沙發上拿走。」變成「哇！我很擔心那些鞋子會弄髒我的沙發耶！」然後，「去刷牙！」變成「嘿！小子，刷牙時間到了。」只要問問自己，「我會怎麼跟朋友的孩子說？」

另一個避免不停發號施令的簡單辦法，是設下一個字詞的限度，就像我們和朋友相處時會做的。我們不會大聲發號施令，例如「戴上你的腳踏車安全帽」，而是指著它說：「安全帽。」

以好玩的方式設下規矩

我們不僅可以用較不嚴格的方式來為孩子設下規矩，還可以為它增添一些趣味。**父母的態度與能量是有感染力的，所以如果父母可以抱持好玩的心態，會讓大家的心情都輕鬆起來，孩子也比較不會抗拒父母的要求。**用好玩的方式設下規矩，是個很棒的概念（如果我們能正確處理的話），而且絕對是我們可以藉由練習來強化的一種肌肉。

心理學家勞倫思・柯恩（Lawrence Cohen）在著作《遊戲力》中，描述遊戲和愚蠢如何幫助我們滋養親密的連結並解決問題。他的規則是什麼呢？如果你能讓孩子咯咯發笑，你就做對了。

- **角色扮演：**媽咪特務洗澡任務報告！或是變成一個剛剛抵達地球的外星人，然後詢問你的孩子（用你的能力範圍內最像的外星人聲音）：「這些東西是什麼？你能教我怎麼清潔嗎？」變成一個牛仔、一個公主、一個南方淑女等等。用一些愚蠢的方法來設下規矩。咯咯發笑是件好事！
- **變成相反面：**用愚蠢、誇大的方式，要求孩子做出你要他做的相反之事。「拜託別踏進浴缸裡。不要！你知道我很討厭你乾淨的樣子！唉呦，你在使用肥皂！」有時，孩子之所以抗拒父母設下的規矩，單純只是因為他們覺得無力。誇大相反的狀態，能讓你的孩子擁有一些力量。
- **使用愚蠢的語言或愚蠢的歌：**如果你能加演跳一場舞的話，會大大加分！努力扮演機器人聲音，像機器人一樣嗶嗶叫：「嗶啵！洗澡時間到了！」如果你能用唱的，幹嘛用講的？「鞋子，鞋子，穿上鞋子的時間到了！」比起我們慣用的命令口吻，這樣的合作方式好玩多了。試著（用民謠〈小小姑娘〉，原美國民謠 Oh my darling Clementine 的曲調）唱：「小小姑娘，小小姑娘，回家時間已到了！你還在玩，不想回家，但是時間已到了！」
- **說一個瘋狂的故事：**可以是非常短又非常好笑的故事。「我有沒有告訴過你，一隻藍色的貓在公園裡，沒有待在媽咪身邊的故事？」目的是讓孩子發笑，並讓故事傳達明顯的道德啟示。

- **變得無能：**當你表現得好像連最基本的事都做不到，孩子會覺得很好笑。「喔，完蛋了，我忘記怎麼離開公園了，我找不到出口！是這裡嗎？」（撞上一棵樹）「刷牙時間到了！等一下，我們的牙齒跑到哪裡去了？在這裡嗎？」（將牙刷舉到耳朵或手肘旁邊）「睡覺時間到了！我累壞了！我要躺在這張舒服的床上。」（在不讓孩子受傷的情況下，躺在孩子身上）

這些舉止都能夠逗孩子咯咯發笑，而且當他們幫助你的時候，也能將他們推向負責任的成人位置。

- **用玩偶或你的手做角色扮演：**有沒有哪一個重複出現的規矩讓你感到棘手？用玩偶演出來。順著孩子的引導，讓創意的解決方式或角色扮演自然出現。若要在這樣的時刻設下規矩，你不需要操縱玩偶，可以用自己的手當成一個好玩的角色。

我們都渴望與孩子建立一個真心且歷久不衰的連結。如果能挪用一部分精力讓自己變得有趣，取代嚴肅與要求的態度，便能為日常生活增添一些趣味，進而創造出那樣的連結。我們可以設下規矩，並且同時擁有我們在孩子出生前曾想像過的那些正面又歡笑的時刻。

慈愛的有效話語

如果你過去說話的習慣並不怎麼巧妙，那不是你的錯，請不要因為這種舊有的說話習慣而責怪自己或伴侶，或為此感到羞恥。我們過去的世世代代都是習慣於命令與威脅，但現在我們已經有了更多的認識，可以做得更好。

你無需精心構思完美的「我訊息」或最棒的機器人聲音，才能讓事情轉往正面的方向。就如同所有的事情，在經年累月的練習之後，你會對這些新技巧更加得心應手。如果你剛開始的時候表現得很笨拙，請不要放棄，這很正常。你要做的是打一場持久戰，繼續練習，**重點在於持續進步，而非要求完美。**

若你能將這些技巧變成生活中的一部分，就會漸漸發現孩子越來越少抗拒。不同於命令與威脅，長期下來，使用「我訊息」和趣味規矩，會讓教養變得越來越容易。為什麼？因為你的孩子會學習到，他可以信任你會用尊重與體貼的方式對待他，因此他會真心想要與你合作。這種說話方式能讓孩子與生俱來的同理心獲得發展；他會了解到，你也是擁有情緒和需求、有血有肉的真實的人。

不過，「我訊息」和趣味規矩並非萬用魔法，不一定每次都能改變那些干擾你需求的行為。

有時候，孩子本身的需求十分強烈，你們會碰到需求上的衝突，你將在下一章學到如何處理這樣的情況。

你正在開始學習一種展現尊重、和善與體貼的新語言，在你開始讓這種新語言融入生活後，你的孩子將會仿效這種巧妙的溝通方式，並開始使用它。雖然你可能要經過一段時間才能看見效果，但是請別擔心，只要繼續練習就好！隨著時間過去，事情會一點一滴地改變，而一切將會變得大大不同。

本週要做的練習

- 靜坐或身體掃描五到十分鐘，一週四到六天。
- 慈心練習，一週四到六天。
- 留意溝通障礙的使用頻率。
- 練習「我訊息」。
- 練習用好玩的方式設下規矩。

第7章 帶著正念解決問題

我們不教導孩子如何考量自身的需求，並顧慮到周遭之人的需求……反而強迫孩子去做我們想要他們做的事，因為似乎這樣更有效率，或是因為我們沒有精力或技巧去採用另外的做法。

——奧朗・傑・舒佛（Oren Jay Sofer）

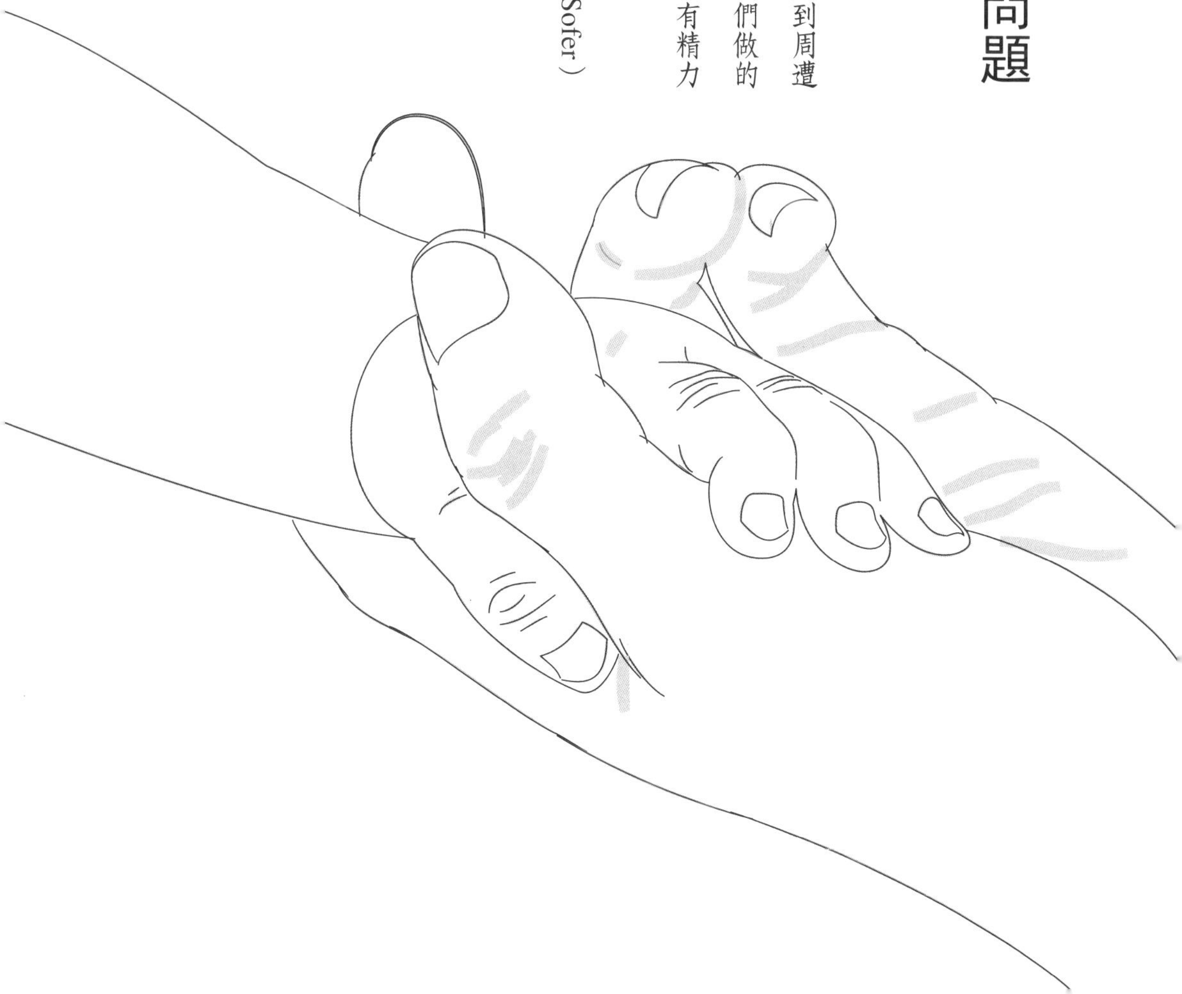

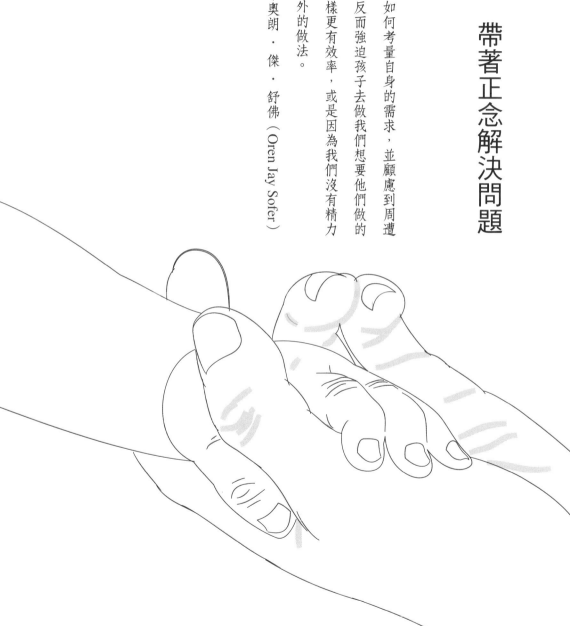

我剛進入工作室撰寫這段內容時，大女兒便走過來對我說：「媽咪，裡面發生衝突，爹地說我應該出來找你。」然後我發現自己剛剛錯過了一場情緒風暴。我看見小女兒依偎在我丈夫的臂彎裡，正在哭泣。這兩個女孩又因為分享問題在鬧情緒，一如既往。

過去，我可能會表現得像個法官和陪審團，從高位丟下我的決定，但是這次我能夠反映式地傾聽每個女兒說話（偶爾提醒另一個女兒不要打岔）。我總結自己對雙方的理解，然後運用自己的正念教養招式：我分別談論兩位女兒的需求，將它們與解決方法分開。他們雙方都有對公平的需求！一旦我們弄清楚這件事，他們就能夠找出解決方法。

衝突是家庭生活裡一個十分正常、自然的部分，我們應該預期它們會經常出現。事實上，研究顯示，手足平均每個小時就會產生一次衝突，而且平均而言，父母和青少年孩子一天會有一次衝突。我們對衝突的抗拒心態非常強烈，若是能接受衝突，將它視為正常，就比較容易放下心中生起的不快感。

記得「痛苦 × 抗拒＝受苦」這個公式嗎？現在，我們該對衝突的到來有所準備，並接受它是人際關係裡無可避免的一部分。當孩子爭吵打架，或是我們與伴侶發生衝突的時候，並不需要有罪惡感或覺得是我們的錯。衝突是正常的。

為什麼？因為每個人都有需求，而且經常在滿足自己的需求時，妨礙了別人的需求。我可能對擁有一段安靜時光有強烈的需求，而我的六歲孩子有跳來跳去、發洩精力的需求。**如果你的孩子有什麼強烈的需求妨礙了你的需求，那就是需求的衝突。請保持理智、冷靜，練習反映式傾**

聽，然後使用「我訊息」，如此可以讓你安然度過其中的許多情況。然而，當那些工具不夠用的時候，你該怎麼辦？那麼，你需要更精細的衝突解決技巧，那就是本章要談論的內容。

靜心能讓整體幸福感、心理韌性以及控制衝動的能力，提升一個層次。你的靜坐時光能幫助你減輕壓力反應，讓你平靜地以同理心對難以避免的問題做出回應。正念靜心是衝突解決技巧的基礎，能幫助我們以疼惜、深思熟慮的方式，在人與人的連結之基礎上做出回應。

傳統的衝突解決辦法

當為人父母者想要孩子做什麼事，但使用巧妙溝通卻不奏效的時候，該怎麼辦？這時候，父母通常會「堅定表態」，以強迫執行他們的解決辦法。有一個人「贏了」，讓自己的需求獲得滿足，另一個人則「輸了」，這種結果可能對我們來說很合適，假設我們同意權威式教養的話。

權威式教養與衝突

在權威式教養（authoritarian parenting）裡，問題的解決辦法是由上面的父母傳達下來的。父母制定律法，孩子必須服從。

權威式教養源自於一種信念：為了讓孩子適當發展，他們必須為不良的行為接受處罰，因良好的行為獲得獎賞。這種方式的目標，是教導孩子照著父母的要求去做。孩子之所以服從，是為了避免處罰，也就是父母利用權力對孩子施加身體或心理的痛苦。這似乎是一種熟悉又合理的方式，然而，使用權威方式的父母，必須為孩子的服從付出高昂的代價。

如果你在八年前告訴我不要處罰孩子，我會認為你瘋了，那我要怎麼控制他？我記得自己剛認識住家附近的一戶人家，他們不使用「隔離法」（time-outs，譯註：當孩子的行為越界時，父母暫時將他帶到另一個地方冷靜一下，或稱「計時暫停」），當時我覺得他們只是在欺騙自己。我不會成為讓孩子瘋狂失控的父母。好笑的是，我現在已經不再使用處罰的方式，也多年未曾使用，而且我的孩子並沒有瘋狂失控，謝天謝地。

我之前對處罰的觀念有兩個問題：一、我不了解處罰會教給孩子什麼，二、我當初缺乏另一個清楚的模式讓我遵循。

孩子從處罰學到的事

處罰的一個最大問題，就是它無法教導孩子任何有益的事情。權威方式的前提是，如果父母因為孩子的錯誤行為而處罰孩子，孩子就會看見自己的過錯，進而想要做對的事，但它最終教給孩子的是，擁有最大權力的人會贏，無論是否公平（這表示當他們擁有更大的權力時，就可以將自己的辦法強加在較弱的人身上）。

● **處罰導致怨恨**

雖然孩子害怕受到處罰的心態在短期內會取得勝利，但是處罰會讓孩子更不可能與你合作，因為他學會去怨恨處罰者，也就是你。

這種憤怒與憎惡感會在內在累積，腐蝕你和孩子的親密連結。

● **處罰可能造成心理傷害**

無論是體罰或嚴厲的言語處罰（吼叫），都可能對孩子造成持久的有害影響，諸如打屁股之類的體罰是傷害性極大的。越來越多的證據顯示，體罰會與言語和身體的攻擊、不良少年、反社會與犯罪行為、品質較差的親子關係、心理健康受損，以及在成年後虐待自己的配偶和孩子等多種情況相關。

此外，吼叫也沒有比較好。一份針對六百六十七個家庭所做的長期研究顯示，在青少年初期實施嚴苛的言語管教，會對青少年之後的發展造成傷害，增加他們在學校行為不檢、對父母說謊、偷竊或打架的風險。此外，父母的敵意會增加少年犯罪的風險，並滋長了青少年心中的憤怒、暴躁與好鬥性格。重點是，**吼叫會讓孩子的行為更糟糕，而非更好。**

● **處罰讓孩子變得自我中心**

處罰讓孩子將焦點放在他們受苦的這個「後果」上，而非他們的行為對別人造成的後果，這讓孩子變得更加自我中心、較不具備同理心。它教導孩子只留意自己，並且責怪他人。孩子也可能會覺得自己受委屈，所以痛恨去彌補過錯。

● 處罰會教導孩子說謊

孩子因為受到刺激，未來會避免被處罰，因此會鬼鬼祟祟並說謊，避免被父母察覺。如此一來，處罰反而助長了不誠實。

● 處罰無法教導孩子良好的行為

處罰這個方式的最大問題之一，是孩子無法學會去做正確的事。他們學到，如果犯了錯，他們就會被叫做「壞孩子」，而且最後總是會受到傷害（如果他們被逮到的話）。他們並未學到如何理解他人的感受，因為他們一直將焦點放在自身的痛苦（來自處罰）。孩子的動機只是單純地變成避免受到處罰，因而失去了許多培養內在道德準則的好機會。另外，孩子還會模仿我們強勢的獨裁行為，學會使用權力去控制那些較無權力的弱勢者。他們並未學到如何思考自己的需求或他人的需求，或是這些需求如何能在公平與尊重的原則下獲得滿足。

● 處罰會讓孩子更不可能與你合作

處罰，甚至包括「隔離法」，都會腐蝕我們與孩子的關係，讓他們比較不要想要幫你，因為孩子在這個衝突解決辦法當中沒有選擇，也就沒有跟進執行的動力，使得父母必須當那個「強制執行者」。於是，孩子會對父母覺得怨恨、憤怒，而這讓他們更不可能與父母合作。你的孩子會將「你」認定為他受苦的原因，這會讓他的憤怒與怨恨逐漸累積。

如果處罰不管用，那麼我們該如何解決問題，讓自己的需求獲得滿足？有些父母相信答案是讓孩子制定規則，這就是「放任式教養」（permissive parenting）。

放任式教養與衝突

你相信孩子的本性是善良的，對於「什麼對自己最好」有深刻的認識嗎？或者你只是單純地厭倦了衝突，決定讓孩子隨心所欲？無論是哪一種態度，都會導致你採取放任的教養方式。

當放任型父母和孩子產生衝突，解決辦法通常取決於孩子。孩子「贏了」，父母「輸了」。在這種方式裡，情況顛倒過來，父母可能會開始怨恨孩子。放任式教養很容易讓孩子變得自我中心、比較缺乏自我管理的能力，甚至有更高的風險會濫用藥物。

雖然比起權威型父母的孩子，有些放任型父母的孩子會在心理上覺得更有安全感，但是他們的行為卻經常更加失控。

奇怪的是，和高度權威型父母的孩子一樣，過度放任型父母的孩子也失去了學習同理心與自律這兩樣重要技能的機會。當孩子犧牲父母而讓自己的所有需求獲得滿足，他們學會了自我中心。由於父母從來不會提出自己的需求，孩子便無法學習如何將他人的需求納入考量。在缺乏健康界限的情況下，孩子無法建立起自制或自律的能力，而這是所有事情獲得成功的重要因素。一個沒有同理心或自律精神的孩子，將來的生活注定較為辛苦。

透過平衡各方需求來解決衝突

權威式和放任式教養這兩種方法，都將衝突解決辦法視為一種零和遊戲：一方贏，一方輸；一方擁有所有權力，而另一方無法讓需求獲得滿足。這些方式有一個很大的問題，就是它們仍停留在解決辦法的表面，並未更深入地了解雙方的需求，但其實我們通常可以找到滿足雙方需求並達成雙贏的解決辦法。

檢視這些極端的方式，有助於讓我們了解，解決家庭衝突比單純地要求孩子服從或讓他們予取予求，更為複雜。我們如何解決衝突，反映出我們對人性的深層見解，而我們會無意識地將這些見解傳遞給孩子——人性本善，還是人人都是罪人？外面是一個弱肉強食的殘酷世界，我們必須戰鬥才能滿足自己的需求嗎？我們是否永遠要服從於那個最有權力的人？

我們可以換個做法，問自己這個問題：我們如何找到一條中道，讓每個人都能滿足需求？我們如何證明，只要多一點努力與了解，總有讓每個人都能贏的辦法？

我相信關鍵是管教，但我所謂的「管教」，並非透過處罰創造服從，而是透過教導、引導，以及以身作則來達成。「管教」的英文是discipline，拉丁文字根是disciplina，意思是「教導、學習、知識」，而另一個拉丁文單字discipulus是「小學生、學子、追隨者」的意思。若要養育出長大後情緒健康、適應良好的成年人，我們該採取並以身教示範哪種解決問題的辦法呢？

從需求的角度理解親子衝突

當孩子難免做出讓我們感到挫折、煩躁、惱火的行為時，是在試圖滿足他們的某些需求。如果小女兒一直打斷我和丈夫的談話，那麼是她對關注的需求，正在妨礙我和伴侶談話的需求。我要如何處理？

我的靜心修習讓我能保持理智，比較不會做出情緒化反應。我的「我訊息」也有所幫助：「如果你一直打斷我，我會覺得很煩，因為這樣我就聽不到爹地在說什麼了。」但如果她的行為依然故我，我該怎麼辦？我們該如何解決這種需求的衝突？

大部分的人對於如何解決共同的問題、如何滿足他們的需求，都採取相互矛盾的解決辦法。女兒給我的解決辦法是結束我的對話；我給女兒的解決辦法是要她安靜，讓我說話；但這種層次的解決辦法，很容易讓我們在原地踏步，動彈不得。

然而，如果我們能一起設定一個讓每個人的潛在需求都獲得滿足的目標，那麼衝突通常都能和平解決。

一旦我們能深入到需求的層次，一個明顯的解決辦法經常會出現，而要獲得這個辦法，需要在衝突發生時進行一場簡單的對話（如果雙方的情緒夠穩定的話），或者必須等到雙方都有機會冷靜下來之後，進行一場更有組織的對話。對許多小衝突來說，例如女兒妨礙我和丈夫談話這件事，我們可以跟孩子談談，弄清楚她當下的需求是什麼。

在小衝突發生時建立連結

衝突的解決方式以連結做為開始，因此我會將身體轉向，正面面對女兒，輕輕觸摸她的衣袖，與她進行眼神接觸，然後說出「我訊息」：「如果你一直打斷我，我會覺得很煩，因為這樣我就聽不到爹地在說什麼了。」

如果她繼續打斷我，那麼她的需求顯然很強烈，所以我會反映式傾聽，猜測她的潛在需求：「你好像在擔心我會一直講話，然後忘記你，而且你有一件非常重要的事要告訴我。」她確認這一點之後，我提出了一個滿足我們倆需求的解決辦法：「好，我不會講太久，所以我和爸爸一講完話之後，我就會理你，如果我忘記的話，你可以輕輕將手放在我的肩膀上提醒我。」這麼說之後，她滿意了，我們雙方的需求都滿足了。

雙贏的問題解決之道

有時候，我們會碰到較難解決的衝突。在那樣的時刻，若能依循一個可靠的程序來解決問題，會有極大的助益。有一個非常有效的程序叫做「雙贏的衝突解決之道」，以下是進行步驟：

雙贏的問題解決步驟

1. 辨認出需求，而非解決辦法。
2. 腦力激盪出雙方能夠想到的所有解決辦法。
3. 評估哪種辦法能滿足雙方的需求。
3. 決定誰要做什麼、什麼時候做。
4. 與彼此確認是否雙方的需求都獲得了滿足。

用這種方式解決衝突時，本質上具有公平的好處，因為每個人的需求都同樣重要，每個人的需求都必須被滿足。沒有任何一方強迫對方接受其解決方案，愛與尊重在家中的分量獲得提升，而非怨恨。以下是如何讓這個程序發揮效用的做法：

1. 辨認需求

以寫下雙方的需求做為開始。白紙黑字，好讓孩子能清楚看見他的需求和解決方案受到承認。即使孩子還無法閱讀，他也會很開心自己的需求和解決方案被寫下來，最好是寫在一張真正的紙張上。

這個步驟最重要、最有挑戰性的部分，是將你的需求與解決辦法分開。經常發生的情況是，人們使用「需求」一詞時，指的是針對一個未被表達之需求的解決辦法，你可以使用「那樣對你有什麼好處？」來釐清需求。這是一種溫和、不強迫的方式，能協助孩子釐清需求。在這個情況裡，你的孩子可能需要的是獨立，以及與朋友更親密的連結。一旦你釐清了潛在的需求，就寫下來並承認它。

2. 腦力激盪

鼓勵孩子先提供自己的想法，盡可能想出許多辦法，同時不要加以評斷。將每一種辦法都寫下來，即使它很古怪也無妨（例如「創造一隻清理房間的機器人」）。孩子會很感謝你認真看待他的想法，這也是讓整個過程輕鬆一點的絕佳方式。在進行腦力激盪的時候，不要評估這些想法，只要將它們寫下來就好。

3. 評估

你可以使用以下這個簡單的系統，快速瀏覽這張想法清單：

✔ 對每個人都同意的解決辦法，打勾。
✘ 對每個人都不想要或不可能辦到的解決辦法，打叉。
？對不是每個人都同意的解決辦法，打問號。

利用這個系統快速將清單瀏覽一遍（到了這個階段，通常你心裡對於解決辦法是什麼，應該已經有了底，但是請繼續進行）。接著，回到那些打問號的辦法，審視它們是否真的能滿足每個人的需求。

4. 做決定

利用「我訊息」和反映式傾聽來討論這些解決辦法。如果需要，可以提出新辦法。在選擇一個（或幾個）辦法之後，寫下你的計畫：決定誰要執行，何時執行。

5. 與彼此確認

同意過幾天之後，再確認這個解決辦法是否依然符合每個人的需求。如果每件事都進行得很順利，那麼這是個很好的機會，讓每個人記住你們是如何共同努力解決了問題。如果答案是否定的，那麼可能需要進行另一輪的雙贏步驟。

如果這種解決問題的方式不在你常用的工具箱裡，那麼它剛開始可能會看起來令人卻步。第一次嘗試這種雙贏辦法時，我建議以正面的問題做為開始。

練習題：針對正面問題的雙贏問題解決之道

要開始將雙贏帶進你的生活，一個絕佳的起點就是從正面問題下手，例如下次要去哪裡度假，或是週末要做什麼。以下是進行步驟。先選定一個你必須做的正面決定，你想要每個人都能參與意見。邀請孩子和你進行一場對話，並準備一大張紙。簡單地陳述問題（「下個週末，我們兩天都有空，我們想決定要做什麼」）。

1. 辨認你的需求（例如「我需要做一些運動，好好照顧一下身體」）。問問每個人需要什麼（「你覺得你下個週末需要做些什麼？」）把每一件事都寫下來。要確認已經將孩子的解決辦法轉譯成潛在需求。提出這個問題：「這對你／我／我們有什麼好處？」藉此找出潛在的需求。
2. 腦力激盪，提出各種想法，寫下每一種提議。這時，還不要評估！
3. 在所有的提議都列出後，使用「✔、✘、？」三種符號，來快速審視提議清單。練習保持理智，進行反映式傾聽，必要時使用「我訊息」。
4. 決定一個能夠滿足每個人需求的計畫。將計畫寫下來，好讓你的孩子能看見他的提議被寫在紙張上。
5. 最後，別忘記彼此確認！在這個星期結束之後，回頭看看你的筆記，談談它進行的狀況。是否每個人的需求都獲得滿足了呢？

這個步驟顯示你認真看待孩子的提議，以及他的需求對你很重要，這讓他在將來情緒較激烈的情況出現時，更有可能自願與你合作。

雙贏策略的問題

如果你的孩子過去一直抗拒你的要求，而且痛恨你高高在上地強迫他接受解決方式，可能不相信你真的會把他的需求放在心上。那麼，在施行這個方法的最初幾個步驟（即開始進行，並讓孩子跟你討論），你可能會吃到一些苦頭。為什麼？記得火車朝著一個方向全速前進（抗拒）的例子嗎？這裡發生的事也是一樣，可能需要一些討論與說服的過程，才能讓孩子參與這個雙贏的問題解決過程。

實際針對衝突施行雙贏策略之前，可以先練習將它運用在正面問題上，這有助於讓孩子認識到這件事能為他帶來的好處。一旦衝突真的發生，告訴孩子，你會在之後找個時間和他談談這個問題。如果你之前從未用過雙贏策略，可以簡單地向他解釋這個方法，並向他保證你們兩人都必須對結果感到滿意才行。準備好運用反映式傾聽！然後同意在之後找一天施行雙贏策略。挑一個沒有人處於飢腸轆轆、脾氣暴躁或疲倦狀態的時間。

我們在進行腦力激盪時，如果不知不覺地開始評估起那些提議，經常會冒出另一個問題。當想法出現時會想要去評估它，這是個很自然的習慣，但是請練習克制！將腦力激盪和評估這兩件事分開來做，是十分重要的，因為評斷的行為會中斷想法的流動；要向孩子解釋這件事，也幫助他練習克制。

在你和家人練習過幾次雙贏策略之後，這種思考方式會變得像是速記。你的問題解決過程可能會變得越來越短，進度飛快。不過，剛開始的時候一定需要多一點時間，過程也會重複，一如我們學習任何新事物的過程。事情不會一路順暢，所以有些跌跌撞撞的情況也是正常的。在這個過程中，請運用你巧妙的溝通方式，來協助及引導家人。以身作則，示範懷抱疼惜心的傾聽和說話方式，在此，你的靜心修習會幫助你保持專注與穩定。

雙贏的益處

雙贏的問題解決方式，不代表我們一定能獲得自己想要的解決辦法，但它能確保每個人的需求都獲得滿足。孩子會更容易與你合作，因為他們的需求獲得滿足。再者，他們會感謝自己能在決策桌上占有一席之地。這個方法讓他們不再因為一直接獲他人的命令和要求而充滿無力感，而是給予他們力量去毫無保留地說話並同時顧慮到他人，這是人生中的一項寶貴技巧！

當我們思考這個衝突解決方式背後更深層的訊息，會看見雙贏策略幫助我們引導了孩子在未來與他人合作共事，教導了他們考量他人的需求，並訓練他們抱持同理心與換位思考。因為雙贏策略是一場討論，所以它能教導孩子說出他們不同意的地方，而非使用父母的權力。如果每個孩子都能在成長過程中培養這些價值觀，可以想像這個世界會變成什麼樣子。

處理手足衝突

你可能已經從經驗中得知（如果你有兄弟姊妹），手足衝突是生活裡的一個正常部分，而且會經常發生，我們應該接受這個現實。

我們也不該將孩子的問題變成自己的，如此才能協助他們度過難關。這些人際關係對我們的生活會產生很大的影響，但是從一開始，它就不是件簡單的事。

該如何幫助年幼的孩子表達他們的需求、不任人欺侮，並且傾聽手足說話呢？該如何幫助兩個，甚或三個幼小的孩子，同時安然度過情緒風暴呢？該如何創造一個合作與相互支持的家庭文化，讓手足之間的愛能成長茁壯呢？

值得高興的是，有經過證實的方法能讓孩子之間的關係有一個好的開始，讓他們保持在通往良好關係的正確軌道上。我們可以提供技巧給孩子，協助他們了解並表達自己的感受，同時摸索前行，試著與他人建立良好關係。在《讓手足成為一生的朋友》一書中，作者蘿拉・馬克罕博士（Dr. Laura Markham）與讀者分享了三個原則，幫助我們養育出和平相處的手足：我們的自我調節能力、將連結視為優先、致力於「指導，而非控制」。

● 建立自我調節的基礎

我們無法完全控制孩子，但可以透過改變自己的想法、話語和行動，來改變家庭的模式。以身作則是教導形式中力量最大的，而自我調節能力對任何人來說都是最難的功課，但它在養育出和平相處的手足這方面，也是最重要的因素。這就是我們的正念修習可以發揮效果的地方：利用RAIN技巧來處理自己的難受情緒，配合緩慢的深呼吸。記住，調節情緒的最佳方式，就是每日不間斷、穩定的靜心練習，這能為我們的生活帶來更心平氣和的氛圍。

能夠自我調節情緒的父母，其所教養出來的孩子，都能學習如何管理自己的感受及行為，包括他們對手足所做的行為。孩子比較能夠讓自己冷靜下來，因此也比較不會與人爭吵。

● 將你和每個孩子的連結列為優先事項

不試圖釐清誰對誰錯，不在衝突中充當裁判和法官，而是要與每個孩子維持溫暖的連結感，並將之視為首要目標。

親子間的連結是激勵孩子依循父母指引的要素。我們無法在不使用強制力的情況下，迫使任何人去做一件事，而且孩子必須要能對父母所說的話擁有選擇權。能夠感受到親子連結的孩子，比較可能與父母合作，也對手足較為慷慨。

● 以指導取代控制

一名指導教練不會使用強制力，而是運用影響力來教導孩子盡力做到最好。相反地，控制是透過處罰的威脅，來強迫孩子做出你想要的行為。成長過程中經常受到處罰的孩子，將學會利用它來對抗自己的手足，以強化自己的地位與權力；這是讓他們互相打小報告的一個誘因。如果手足因為與彼此吵架或打架而受到處罰，他們會更憎恨彼此，而且會將心思放在報仇上。

將自己想成是他們的指導教練。指導教練在決定何時介入時，會顧及隊員的技巧與能力；會在孩子學習期間涉入較深，之後便逐漸減少干涉。隨著手足漸漸成長，你在練習如何處理他們的問題方面越來越有心得之後，便可以再後退一步，讓他們擁有寶貴的自治經驗。孩子必須要能夠自己犯錯，然後從中學習（如果你擔心安全問題，隨時介入永遠是個好主意）。

我們該如何指導孩子？最重要的第一步是暫停。給自己片刻的時間深呼吸，讓自己定下心來，以便做出深思熟慮的回應，而非做出壓力反應。如果你能做到這件事，剩下來的部分會更容易完成！

當孩子吵架或打架時，我們要說些什麼呢？記住你在前面章節裡學到的巧妙溝通，避免發號施令、威脅、評斷，或使用其他溝通障礙，而是去承認當下正在發生的事。運用「我訊息」與反映式傾聽，承認並描述你的所見，能讓局勢稍微緩和下來。

處理手足衝突的小抄

1. 暫停，深呼吸，定下心來。對自己說：「我在幫助孩子。」
2. 說出你的所見。承認當下發生的事，不帶評斷地描述。
3. 指導孩子表達自己的感受，清楚說出自己的需求。
4. 記住，你不需要解決他們所有的問題。

你可以將這些步驟寫在便利貼上，策略性地貼在屋裡一些顯眼的位置。

在協助孩子解決衝突之後，可以邀請他們進一步深入解決辦法底下的需求層次。該如何實際練習呢？以下是一些例子：

別說：「不要吵了！如果你們不停止爭吵，兩個人都給我回房間去！」

改說：「我聽見很多吼叫聲。你看起來氣壞了，我不會讓你打弟弟。你能告訴他，你的感受，然後你需要他做什麼嗎？」

別說：「不要拿棍子！那很危險，給我！」

改說：「啊！我很擔心那根棍子，看起來泰勒也是。她不想要棍子離她那麼近。你可以到那裡去甩，那裡離妹妹比較遠，不然就把它放下來。」

別說：「我已經告訴過你三次了，不要一直戳你弟弟！就這樣了，回你的房間去。」

改說：「艾娃，看看你弟弟的臉……他不喜歡這樣被戳。我也不喜歡屋子裡有那麼吵的聲音，這樣讓我肌肉都緊繃起來了。我不會讓你傷害他。你現在需要什麼？」

當不高興的孩子不止一個

當每個人都需要你的時候，很難給出一個簡單的答案。現實狀況是，你無法解決每個人的問題或撫平每一個傷害。然而，只要付出努力就已經有很大的幫助，能為孩子示範如何展現同理心並將他人納入考量。

你可以做的是：深呼吸，並以冷靜和理智的態度度過這些時刻。需要的話，也可以花點時間幫助自己冷靜下來。以下是處理複雜情況的一些策略。

- **若有兩人同時需要你，試著兩個都照顧到：**這並非總是那麼容易，但有可能實現。描述當下發生的情況：「我有兩個生氣的小孩在互相傷害！過來這裡，我的懷抱還有很多位置。你可以愛怎麼哭就怎麼哭，然後我們會想辦法解決問題，讓事情變得更好。」
- **如果你必須照顧其中一個孩子，先跟你暫時無法照顧的孩子談話：**這可能是一個孩子身體受傷，需要立即處理，而另一個孩子是情緒受傷：「路卡斯，我聽說你受傷了，你需要我，我等一下就過去。我正在幫你弟弟處理膝蓋的傷口，之後就會幫你處理情緒。」
- **先處理情緒：**當情緒高漲時，大腦的學習中心就會關閉，因此並不是解決問題的好時機，所以不要試圖立刻這麼做。你要等到情緒獲得表達與承認，每個人都冷靜下來之後，再引導孩子說出他們當下的需求是什麼。

重新開始：從衝突之中找到親密感的工具

無論我們行事多麼巧妙、多麼理智，家人之間還是會出現衝突與問題。正念靜心、慈心練習、反映式傾聽、「我訊息」等眾多工具，都能大量降低衝突的次數與嚴重性，但我們依然躲不過衝突。不過，如果我們好好把握這些機會，讓自己做個真實的脆弱的人，一起修補已經造成的傷害，那麼衝突可以讓我們的親子關係更加緊密。

在一次一行禪師主持的禪修營裡，我學到了「重新開始」這個修補關係的架構，包括與孩子的關係。這個方法教我們深入並誠實地檢視自己，以及過去的行為、言語和思想。我們將此時此刻視為自己與親子關係的一個全新開始。

「重新開始」包括三個部分：提出欣賞與感謝、表達歉意、表達傷痛與難處。你可以面對面來做，但如果孩子已經可以閱讀的話，也可以寫一封重新開始的信。

- **第一個部分：提出欣賞與感謝**。這是一個凸顯對方優點與貢獻的機會，可以鼓勵他在這些正面特質上繼續成長。你可以提及特定事件，例如對方曾經說過或做過的令你覺得欣賞或感謝的事。第一個步驟要表達的是你看見了這個人的美好特質。
- **第二個部分：表達歉意**。你可以利用這個機會，提及一些令自己感到很糟糕，卻還沒有機會道歉的不巧妙行為、言語或念頭。例如，你可以說：「對不起，我曾經說你很自私，這個行為是不對的。我了解這樣的評語傷害了你，我不該那樣說。」
- **第三個部分：表達傷痛與難處**。現在，你要表達對方曾經說過或做過什麼令你感到受傷的事，這裡可以使用「我訊息」。不要攻擊或責怪對方，而是用平靜的方式說出或寫下你的傷痛，絕對不要用誇大、責備或氣急敗壞的口氣。發自內心地將它說出來或寫下來，要避免我們在第六章曾討論過的溝通障礙。

練習題：寫一封「重新開始」的信

寫一封「重新開始」的信（或電子郵件）給所愛的人，然後在你的「正念教養」日誌上，寫下這個過程的體驗。

對方的反應是什麼？這個方法讓你們的關係更親密了嗎？

注意：如果你沒有特定的傷痛或難處要與對方討論，也可以只運用「重新開始」的前兩個步驟（感謝與歉意）。

「重新開始」這個方法賦予了一個架構，讓我們可以巧妙地與對方溝通，而不會落入舊有的、不巧妙的說話方式。我們的目標是修補關係，若能與孩子有一個更穩固的關係，我們對他們的影響力也會等比增長。

你可以針對生命中許多不同的人際關係運用「重新開始」的方法。

我曾經對自己的雙親都寫過「重新開始」的信，這幫助了我們以更真誠的心凝聚在一起。我有位客戶將這個方法運用在主管身上，這大大幫助了工作的日常狀態！

無論是哪種人際關係，都能考慮運用這個威力十足的工具。

影響的力量

當我們不再使用蠻橫的權力強壓孩子，我們的影響力會增長，而這是在孩子漸漸成長後，會讓我們覺得感謝的一個益處。我相信，青少年的叛逆並不是一種對抗父母本身的反應，而是在對抗父母所使用的不巧妙或嚴苛的管教方式。孩子在內在累積了多年的抗拒和怨恨之後，當他們步入青少年，能夠更加獨立時，自然就會反抗父母的權威式教養。

然而，如果我們限制自己使用權力，改為發展自己的影響力，那麼孩子會更容易信任我們，並對我們所說的話抱持開放的態度，親子關係會更堅固、更親密，也會有更多的合作，而這一切都取決於我們如何處理在孩子童年期間難免會發生的衝突。

如果親子能一起努力解決問題，辨認出每個人的需求，衝突反而會讓親子比以前更親密。未解決的衝突會隨著時間越來越惡化，而這可能對親子關係極為有害。如果沒有將衝突攤開來談，孩子經常會不斷滋養並擴大舊傷口，同時扭曲父母的動機。如果父母能以慈愛、不評斷的方式討論當下發生的事，孩子會知道自己被看見、被聽見了，而且父母認真地看待他們的需求。孩子對父母的信任會滋長，並隨著時間建立起來，他們也將學會傾聽並同理父母的需求。

不過，事情並非總是那麼順利，有時你會發現自己在使用為人父母的權力，而且在某些時刻，那才是比較巧妙的選擇，然而，你越少使用權力，越能夠從滿足需求的角度來解決問題，你的親子關係就會越來越堅固，你的影響力也會逐漸增長。

孩子在波濤洶湧的青少年階段，需要我們的影響力。在孩子一步步走向獨立，人生充滿不確定感之際，需要父母在身邊引導及帶領他們。本章討論的工具能幫助你和孩子在不傷害親子關係的前提下，以巧妙的方式解決問題，而這有助於在孩子需要你的時候，讓溝通管道保持通暢。

這個方法的基礎，在於你的意圖必須是處於當下的、保持好奇心的；你的意圖能幫助孩子。在那些難受情緒來襲的時刻，不要衝動行事。暫停，處於當下，然後給自己一個機會做出巧妙且疼惜的回應。你的孩子試圖滿足什麼需求？你的需求又是什麼呢？

這個觀點的改變，真的是一個很大的解脫。使用雙贏的問題解決之道，你便不需要擔任孩子的裁判與陪審團。你不需要什麼答案都知道，而是能擁有一種人與人之間真正的關係。你可以讓自己的需求獲得滿足，同時幫助孩子滿足他的需求。在下一章，我會再分享更多的工具來幫助你維持一個祥和的家。

本週要做的練習

- 靜坐或身體掃描五到十分鐘，一週四到六天。
- 慈心練習，一週四到六天。
- 雙贏的問題解決策略。
- 寫一封「重新開始」的信。

第 8 章 守護祥和的家

你能給予孩子的最棒禮物，就是責任的基礎與獨立的翅膀。

——丹尼斯．維特利（Denis Waitley）

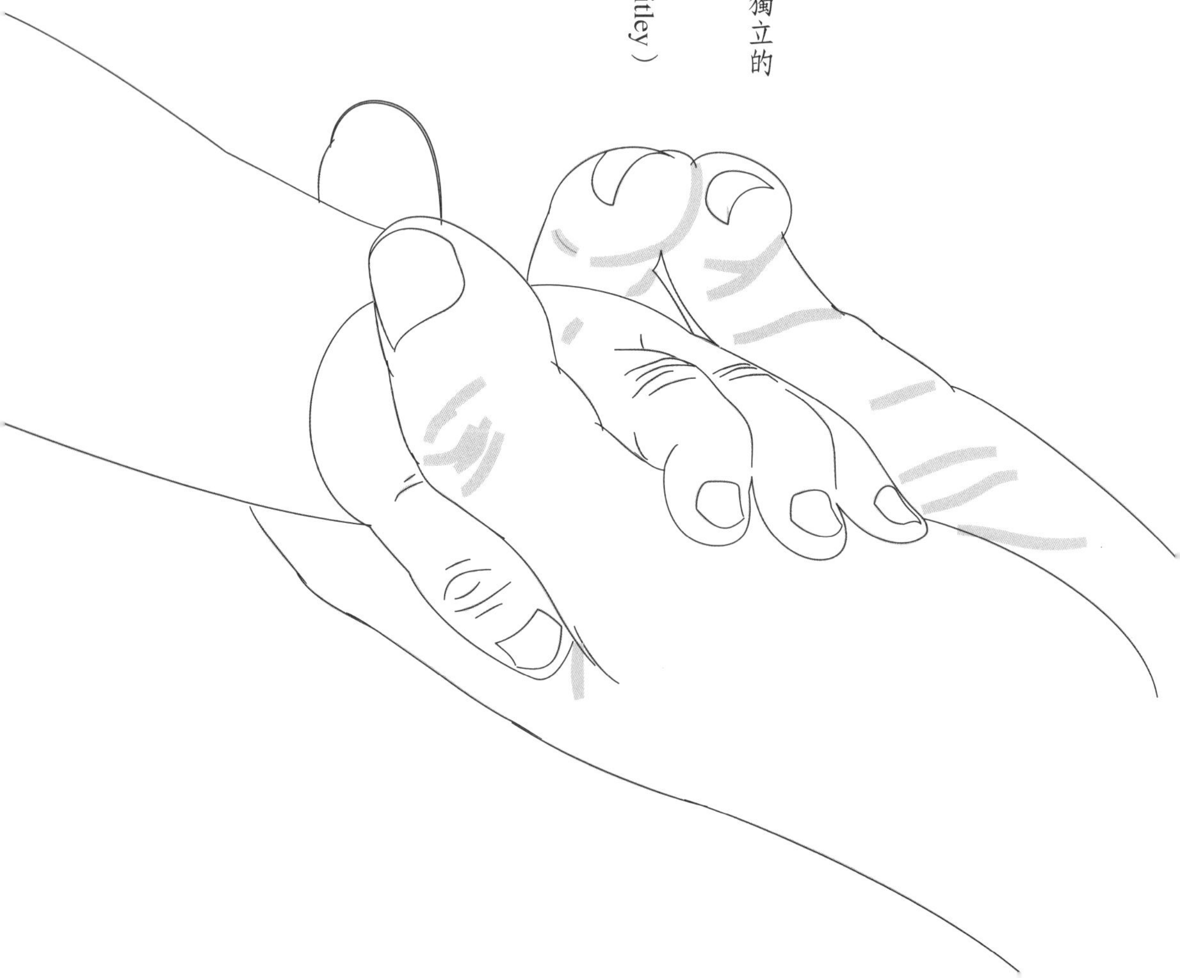

每天，我女兒走下學校校車的時候，我會盡量在那裡接她。我所謂的「在那裡」，意思是盡我所能地全然處於當下，放下一整天的憂慮、對自己的關注，然後讓身體也平靜下來。

我會給她們一人一個大大的擁抱，告訴她們：「好高興見到你們！」這是真的。

我想要讓兩個女兒知道，她們真的照亮了我的世界，我會一直支持她們。她們會在校車站牌附近與鄰居玩一會兒，然後我們便一起走路回家。

我知道，我們親子關係的堅固基礎，就建立在這些小小的相處時光，以及形塑出每一天的節奏和儀式裡。

如我們已經見過的，**正念教養的重點不是一個創造出某個結果的技巧，而是建立一份充滿愛的、持續一生的關係**。

建立一個有親密連結的親子關係，是培養孩子合作意願的唯一方式。當父母用愛、疼惜與尊重對待孩子，而且當孩子的壓力程度不會過高時，就會想要讓父母開心。

那麼，該如何建立那份親密的連結感，並在他們的日常生活中保持平衡呢？你到目前為止所學習到的技巧，包括正念靜心、解除引爆點、慈心、反映式傾聽、「我訊息」，以及正念的問題解決之道等，已經為你打造出一份通往親密連結的地圖了。

在本章，我會分享一些能強化親子連結、保持家庭祥和的習慣。

有意識地培養連結感

父母與孩子之間的良好關係，是讓親子聚在一起的黏膠，也是教養出一個好人的最根本基礎，因此，父母抱持著正念與自我疼惜所做的一切，是最重要的，這可以讓父母保持清醒與理智，進而與孩子連結並表達那份愛。孩子對父母無條件之愛的體會越深，就會感到越安全、越放鬆。當孩子看到父母眼裡的那份愛，會覺得受到重視，從而回過頭來重視父母；他們也會感受到被信任，從而回過頭來信任父母。

這所有的愛創造出一個良性的回饋循環，讓教養隨著時間過去而變得越來越輕鬆。要打造一份親密的親子關係，不僅可以使用之前章節裡提到的工具，也可以用心付出時間與精力去培養一份充滿愛的連結。

以肢體接觸建立連結感

最近，我的八歲女兒對我很生氣，當時沒有其他人能安慰她，她不停地啜泣。我一走近她，她就說：「走開！」但我沒有走開，只是坐在她後面，輕輕地撫摸她的背。雖然她的問題是來自於我，但這種充滿情感的觸摸還是發揮了安撫效果，她最後爬到我的大腿上。依偎摟抱有助於讓她冷靜下來，調整自己的情緒。

被觸摸與觸摸別人，是人類互動裡的最基本模式。正面的肢體接觸，是對孩子傳達情感、關

懷與掛念的一種強而有力的方式。擁抱、親吻、依偎摟抱能夠讓孩子安心，確認父母一直都在，並減輕孩子的壓力反應，幫助他們調整自己的情緒。

我們該給孩子多少愛的觸摸呢？有「家庭治療之母」之稱的維琴尼亞・薩提爾（Virginia Satir）曾說過一句著名的話：「我們一天需要四個擁抱才能存活，需要八個擁抱才能維持運作，需要十二個擁抱才能成長。」所以，越常擁抱越好。當孩子還小的時候，讓很多的擁抱與依偎成為一種習慣，如此一來，在他年紀漸長之後，還會想要與你保持親密。雖然我現在鮮少有機會與十一歲的女兒牽手，但她還是經常會靠向我，尋求那份肢體上的親密情感連結。

與孩子彼此依偎、摟摟抱抱，是他們得以蓬勃發展的一個重要肢體接觸形式，但是，你知道打打鬧鬧、玩摔角對孩子也有好處嗎？心理學家與玩樂專家勞倫思・柯恩告訴我們，帶有侵略性、肢體上的嬉鬧玩樂，能幫助孩子表達感受、學會控制衝動並建立信心。

要如何打打鬧鬧呢？勞倫思・柯恩在自己的著作《遊戲力》中為父母提供了一個簡單的解釋：「你說：『我們來摔角吧！』她說：『那是什麼？』你說：『你努力用上所有力氣把我按倒在地上，努力讓我的兩個肩膀都貼地（或者，你努力跨過我到沙發那裡，但不能偷偷摸摸的，必須用上所有力氣通過我這一關）。」

打打鬧鬧有助於讓孩子以積極的方式，與父母建立肢體上的連結，也讓他們消耗一些精力；同時，這也能鍛鍊孩子的體力與創造力，讓他們在身體與情緒上都能與父母產生連結感。只要記住這些打打鬧鬧的規則：要留意狀況、讓孩子贏（大多數的時候）、若有人受傷就一定要停止。

就像搔癢一樣，孩子說停止的時候，你就要立刻停止。這會教導孩子，他們的身體應該受到尊重，他們能掌管自己的身體。

無論是摔角、相互依偎摟抱或擁抱，都可以刻意與孩子建立肢體上的連結。觸摸能撫慰人心並幫助孩子調節情緒，這是一個讓親子關係保持親密的絕佳方式。

以玩樂建立連結

許多忙碌的大人（包括我！）都對於坐在地板上陪孩子玩這件事心生抗拒，他們不能自己玩嗎？一想到「糖果樂園」（Candy Land）那種桌遊，我就想逃之夭夭。沒錯，孩子可以，也應該擁有獨立的玩耍時間，但父母也應該花點時間走進他們的世界。玩樂就是童年的流通貨幣，孩童需要玩樂，一如他們需要空氣和水。玩樂能幫助他們了解這個世界、療癒傷口、培養出對自己能力的信心。當父母以玩樂的方式與孩子連結，便將他們的杯子填滿了愛、鼓勵與熱情，此外，還能幫助父母在實際上與譬喻上都「鬆開來」，而這可能正是父母需要的！

你不需要將和孩子一起玩耍，視為繁重的任務或占據你許多時間的事。事實上，孩子經常過了一段短時間之後，很快就會投入下一件事了。你可以設定十分鐘的鬧鐘，在這段期間全心全意地沉浸其中，將它當成「玩樂靜心」，練習全然處於當下、留意自己是否分心失神、妄下評斷。練習在關注孩子時，抱持著和善與好奇心。

玩樂是一個讓你發現孩子當下的真正面貌、重新認識眼前這個人的寶貴機會。

你不記得怎麼玩了嗎？只要跟隨孩子的引導就行了，暫時賦予他在這個世界上所渴望的權力吧！他在這個世界多半的時間都是沒有權力的。在遊戲中，你的角色通常分量很少，可能只是一場小喜劇或一場舞蹈的觀眾；你也可能只是在孩子出發前往月球時跟他揮手道別，浮誇地假裝哭得聲淚俱下。你也可以扮蠢，讓孩子咯咯笑個不停；假裝說話結巴或跌倒，會讓孩子笑得東倒西歪。你還可以給孩子一個「特別時段」，就如後面的練習題。

無論你的玩樂與遊戲採取何種形式，都要練習全然處於當下，練習去珍惜這段時光，明白你的孩子一轉眼就長大，變得更獨立了。

練習題：「特別時段」

我們可以利用這個「特別時段」，給予孩子渴望的東西：我們對他們百分之百的關注，完全不分心。前提是，你要讓孩子主導（同時要確保他的安全），而且你要樂意做任何事。嘗試過這個練習的父母，經常會看見孩子的行為出現明顯的正面改變。為什麼？因為它提升了那份最重要的連結感。以下是進行的步驟：

1. **宣布「特別時段」登場：**對孩子說：「在十分鐘之內，我會和你玩任何遊戲，唯一一件我們不能做的事，就是讀資料或使用 3C 產品。你想要怎麼玩？」

2. **設定時間：**十分鐘最好，但是五分鐘也可以。一段時間之後，可以試試二十分鐘，看看感覺如何。「特別時段」需要有開始與結束的界線，表示這段期間的規則和日常生活中不一樣。

3. **讓孩子主導**：在這段時間裡，徹底放下你的神經質、偏好、擔憂和批判，讓孩子試著帶你去做那些你幾百萬年也不會做的事。

如果他要求你，把他放在一塊舊滑板上，反覆拉來拉去，直到他掉下來，而且不停地掉下來，你必須克制想要「教」他怎麼溜滑板的念頭，就當它是你今天的健身時段，讓它變得好玩。

4. **克制自己想要評斷或評估孩子的衝動**：除非孩子自行要求，否則不要想取得控制權或提出自己的建議。

5. **克制查看手機的欲望**：你只要現身，給予孩子一份自己被看見並獲得承認的禮物。盡一己所能，讓自己全然投入當下。

6. **鬧鐘響起時，結束特別時段**：如果你的孩子發脾氣或心情不好，可以帶著同理心傾聽他說話，如同你處於任何煩亂情緒時的做法。

「特別時段」是為你的親子關係帳戶存入重要資產的一種方法。有些父母會每天規劃出「特別時段」，或一週好幾次。試試看孩子的反應如何。

藉由一起做事建立連結

孩子會想要做大人會做的所有事情，請給予鼓勵！孩子可以，也應該在日常生活中跟父母一起做事。你可以從在廚房裡放一張堅固的凳子開始，這樣孩子便可以幫忙清洗馬鈴薯、削紅蘿蔔的皮。年幼的孩子可以將濺出的水擦乾、擺放餐巾紙、幫忙餵貓等。隨著他們漸漸成長，責任也應該要增加。

孩子若能對家事的流暢運作有所貢獻，會對自己的能力更有信心，這形同賦予他們力量。將孩子視為家庭「團隊」的一員。

事實上，研究顯示，會做家事的孩子將來在人生中獲得成功的機率更大！明尼蘇達大學教授、專攻家庭教育的瑪麗蓮・羅斯曼博士（Dr. Marilynn Rossman）曾檢視一份長期研究資料裡，那些符合不濫用藥物、擁有良好品質的關係、完成教育、步入職業生涯軌道等「成功」定義的個案。她得出的結論是，**那些最成功的孩子從三、四歲就開始做家事**，而那些等到青少年階段才開始做家事的孩子較不成功。

精神科醫師愛德華・哈洛威爾（Edward Hallowell）說，家事能創造出一種「能做及想要做的感受」，激發出孩子的能力感。

那種持續一生的能力與責任心，就從你願意花些時間和孩子一起做事來建立連結而開始。預期（且堅持）讓孩子做完他那一部分，要了解，當你在教他如何洗衣服、整理床鋪的時候，是在教他受用一輩子的技巧。

以言語鼓勵建立連結

正面的鼓勵話語能讓孩子知道父母相信他們，一直在旁邊支持他們。如此，孩子在成長過程中，腦袋裡才不會充斥著父母的批判聲音，而是能運用那些支持他們、為他們帶來信心的話語，來激勵自己、強化正面行為。

當我要真誠而生動地讚美孩子時，我不會說「做得很好」，而是會用「我訊息」取代。你要避免在鼓勵的話語中，使用一般性的模糊字眼，而是要明確，例如：「你試騎那輛腳踏車的時候，雖然很可怕，但我真的很欣賞你的勇氣。」以下是其他一些讓你透過鼓勵來建立連結的話：

謝謝你，你真好。

我真的很欣賞你那麼努力做這件事。

你這樣做真的很慷慨。

你在處理這個挑戰的時候，展現出巨大的力量。

我喜歡你的懷疑精神！

你的想像力太棒了！

溫暖而正面的連結，是促成親子合作的燃料；當你刻意且有意識地培養親子間的連結感，等於是在親子關係的帳戶裡存款，這能為將來不可避免的提款做好準備。你能用來建立連結的方式有很多，正面的肢體接觸、玩樂、一起做事與讚美等，只是其中幾種。需要特別注意的是，要確保孩子知道你經常看見他、聽見他並愛他，這麼做能讓親子關係更堅固，將來才能度過人生中難免遭遇的風風雨雨。

有效率的教養習慣

孩子需要無條件的愛、指導、健康的界限，若父母能專注在保持正念、巧妙的溝通，以及正面的連結，那麼設立界限就會變得更容易，但這件事並非總是像在公園散步那麼輕鬆。維持盡責與堅持的習慣，並培養孩子的獨立能力，會讓教養變得更簡單。

責任優先於玩樂

設立健康界限的意涵，是要調和孩子的狂野本性（但不是碾壓它），引導孩子如何（在最終）成為一個發展良好的成年人。有時候，我們在努力避免落入老派的威脅與處罰模式時，會過度用力地擺盪到另一個方向，沒有設下明確的規矩。當孩子想要推翻那些界限時，父母的工作是溫和地、持續不斷地將他們拉住，最後才不會讓孩子變成一個完全無視他人利益的人。

將玩樂活動留到他們履行責任之後的助益非常大。在我家，這表示「3C產品使用時間」會等到女兒將書包放好、餵完貓、將洗碗機清空，再擺設好餐桌之後才會開始。你也可能是等孩子將餐桌清理好、擦乾淨之後，點心時間才上場。無論你家是哪種情況，如果你能將責任優先於享受特別待遇的文化建立起來，教養的日子就會輕鬆許多。

請不要將這個方法當成一種威脅，例如：「如果你不＿＿＿＿＿＿，就不能＿＿＿＿＿＿。」而是要以這樣的想法取代：「我們先做＿＿＿＿＿＿（責任），再做＿＿＿＿＿＿（玩樂的事）。」

如果你能在家裡建立起責任文化，那麼失去特別待遇就不是個威脅，只是一個自然的結果罷了。如果孩子因為沒有做好該做的家事而錯失某個玩樂活動，請練習讓自己保持冷靜、不做反應，因為這不是你的問題。

你要做的是以同理心回應他們的感受，但要帶著慈心守住你的界限。

一致性與規律性

如果父母的教養模式能每天、每週都在一定的程度上保持一致，與孩子相處的日子會變得輕鬆許多。

由於孩子的生活中有太多他們無法控制的因素，因此引導他們維持在一個穩定而規律的節奏裡，對他們大大有幫助。如果他們知道自己每天的生活要期待些什麼，就比較不會對自己要踏出的每一步心生抗拒。

日常規律

要讓孩子養成每天的規律作息，可以從前一天晚上固定早睡開始。孩子需要很多睡眠，睡眠不足會讓孩子變得很暴躁，容易鬧脾氣、不合作，而且比較容易生病；睡眠不足也對他們的成長有害。

要怎麼知道孩子的睡眠足夠呢？答案是：當孩子沒有使用鬧鐘而自然醒來，並覺得神清氣爽的時候。

如果你的孩子仍是幼童，就堅持午睡時間，能堅持多久就多久。即使孩子白天已經不再需要午睡了，也可以在白天時讓孩子（和你！）擁有一段安靜、休息的獨處時光來恢復精神，做為一天的壓力調節閥。

即使孩子不想睡，也可以在房間度過一段安靜的時間。

當我和學齡前孩子一起在家時，幾乎每天都會帶他們去青年活動中心（YMCA）。我會在上午十點左右做運動，他們則去安親班。這個習慣符合我需要運動和離開家的需求，也符合他們需要例行活動和社會化的需求，一舉數得。在我身為居家全職母親的那段時間，這個活動成為我日常的一股穩定力量。

你會固定做些什麼事呢？你可能有每天例行的事要做，例如工作、上學、照顧孩子或其他因素等。擁抱那樣的日常結構，會讓你和孩子相處的時間變得輕鬆許多。如果你沒有規律的作息，可以利用以下練習幫助你建立一個。

練習題：建立每天固定的規律作息

除了固定的睡覺和起床時間之外，如果孩子在白天也有固定作息，會成長得更順利。以下是如何安排日常固定作息的方式：

1. 將每天要做的事列一份清單

將你每天必須完成的工作蒐集成一份資料，不用擔心如何安排清單裡的事項，只要將腦袋裡想到的事寫出來即可，這不是待辦事項。花幾分鐘的時間將你每天要做的每一件事（以及你沒做卻應該做的事），快速記錄在你的「正念教養」日誌上，更好的做法是將你一天之中需要完成的工作記錄在手機上。

- **如果你已經有例行事項，請將這些事項分為下列兩種：**

(1) 你已經在做，而且運作良好的工作。

(2) 必須加進例行事項裡的工作。

- **如果你要從零開始，請從回答以下問題開始：**

(1) 你每天必須要完成哪些工作才能出門？

(2) 你每天在照顧孩子方面要完成哪些工作？

(3) 你每天在準備飲食方面要完成哪些工作？

(4) 你每天有哪些需要跑腿去辦的事？

(5) 你想要在何時插進一段簡短的靜心修習時間？

(6) 你必須完成哪些工作，才能讓自己做一些運動？

(7) 你必須完成哪些工作，才能讓家裡保持整潔？

列出一張清單。剛開始的時候，任何小事都可以包括在內，如果你想將「刷牙」放進例行事項裡，那也很好。只管把所有想到的事都丟出來，稍後再來編輯。

2. 訂定時間表

現在請評估自己的能量程度，想一想何時是自己將工作做得最好的時段。大部分的人在早上是比較有精力的，將需要耗費最多精力的事情安排在那段時間，十分重要。請將時間表視為一種規律作息，一份建構日常生活的指導，而不是刻板的例行公事。在你的日誌裡記下各時段最適合處理的工作：

- 早上
- 中午

● 晚上

3. 建立一個新的日常規律作息，並加入一些彈性

定下規律作息的同時，試著將你一天中最具生產力的時段，用來從事最富挑戰性的工作；將最不具生產力的時段，用來處理較為繁瑣單調的事務。將你的活動與一天中的特定時間點互相配合，從必須在特定時間完成的事開始（例如接小孩放學或吃午餐），接著再根據你覺得最適合處理的時段塞入各項工作。

4. 測試新的例行作息表

花幾個星期的時間試用新的例行作息。感覺起來如何？你的時間表裡，是否將各項工作與活動安排在合理的時段？是否需要做一些調整呢？必要時，請調整任何不合適的情況。評估你的每日規律作息，看看這份新的例行作息表對你是否管用。

每週的規律作息

你也可以藉由建立有助於家庭生活的規律作息，為每週的生活增添一些秩序感、固定性與流動性。在我們家，一週是透過「無３Ｃ產品的週日」來標記的。即使你不是個宗教虔誠人士，每週騰出一個安息日也是很棒的概念，這是一個休息的日子，可以與大自然或家人相處。

我們家採用了《簡單父母經》一書的作者金・培恩（Kim Payne）所提供的絕佳概念：賦予晚餐一個可預期的規律。週日是素食日，週一則是披薩日，週二麵食日，週三湯品日，週四米飯日，週日魚類日，週六開放日。保持這樣的規律性，能幫助年幼的孩子知道今天是星期幾，也減少他們對餐點的抗拒。

這麼做也讓偶爾跳脫規律去餐廳享用晚餐，變成一頓真正的饗宴。

用來建立每週規律作息的依據，可以是學校的時間表與課程，或是你讓孩子參與的洗衣、打掃等家事責任，或者甚至是固定的健走或休息時間。你家裡每週都發生什麼事呢？你如何讓一週變得更有規律呢？

幫助孩子培養獨立能力

讀研究所的時候，我學會了蒙特梭利（Montessori）教育系統。創新教育家瑪麗亞・蒙特梭利（Maria Montessori）發現，若大人能設法提供適當的環境，就能深入了解孩子想要學習、想要獨立的內在欲望。

今天，我們走進蒙特梭利教室，會看見小至兩歲的孩子刻意地在「工作」，他們經常沉浸在自己的任務裡。為何他們如此獨立勤勞？首先，每樣東西都跟他們處於同一水平，有較矮的椅子、水槽、鉤子，甚至掃帚和拖把！環境簡單、整齊，有充分的空間可以到處走動，做任何事都有專屬的空間。孩子也被賦予一些權力，可以從指定範圍內的眾多選項中選擇自己的工作。

那麼，我們可以汲取這個方法的哪些部分，運用在自己家中呢？我女兒在兩歲進入蒙特梭利教室，學習如何炒蛋時，我驚覺她比我稱讚的她更能幹。孩子可以也想要做更多，即便是在仍年幼的時候。在家的時候，我們可以調整環境，以便給予孩子更多的權力與獨立性。

想像你的身高只有九十公分，然後試圖在家裡活動，你能幫自己倒杯水嗎？你能拿到廚房紙巾來清潔東西嗎？你能掛起自己的夾克嗎？很可能不行。當你身為大人世界裡的小人，要自己去做任何事，常常變得不可能。檢查家中的每個角落，做一些簡單的修改與調整，培養孩子「自己動手做」的渴望：

- 安裝與孩子同高的掛鉤，讓他能自己掛外套。
- 放置一個小型的不銹鋼水瓶與耐摔的杯子，讓他可以自己拿取並倒水。
- 確認清潔海綿和抹布放在他拿得到的地方，讓他可以自行清潔。
- 放置一個穩固的廚房小凳子，讓孩子可以自己到處移動。

在你做得到的範圍內，給孩子一件真正的工具讓他使用。我的女兒還小的時候，她們會使用一種可以用雙手握住的波浪狀不鏽鋼切割器，協助我切蔬菜。她們也有噴霧瓶（裡面裝了加水稀釋的天然白醋溶液），會幫我噴在窗戶和桌子上清潔。

若能調整居家環境，協助孩子在早期就學會獨立，你便對他們的能力與貢獻，設立了一個健康的期望值。你不需要像個傭人一樣，從椅子上跳起來幫孩子倒一杯水，讓他自己去做吧，你會培養出一個更自立自強、更能幹的孩子。剛開始你需要協助他，讓他更容易提供幫忙，但是你只要事先做一些準備工作，長期下來，這件事會變得越來越簡單。這是一個有豐厚回報的投資。

以簡化生活守護祥和的家

正念教養的最大挑戰之一，就是「太多」這個問題。我們似乎都對緊湊的行程表與過剩的物品感到有壓力，然而就像溫水煮青蛙，我們通常要等到問題大到自己快承受不住的時候，才會認知到它的嚴重性。

商業文化不斷叫囂，叫我們快去！快去！快去！買！買！買！將它包裝成獲得幸福快樂的方式，但是，如同太多糖果會讓我們生病的道理，太多東西與太擁擠的行程表，也會讓我們壓力罩頂、焦慮上身，無法真正去欣賞並感謝自己所擁有的豐盛。

對忙碌生活較不習慣的孩子，會承受壓力，並以難以預測的方式做出壓力反應。孩子自然的活動步調是緩慢許多的（你可能已經注意到了），他們全然處於當下那一刻，深入探索著他們的世界。太多的活動會剝奪他們去看、去觸摸、去嗅聞、去聆聽這個世界的時間，也會剝奪他們去探索並認識自己的空間。

我邀請你加入我的行列，為了孩子（和你自己）的心智健全，拒絕「越多越好」的文化。我們可以做的是讓生活變簡單，讓孩子自然培養出安全感，以及心平氣和、充滿驚奇的感受。

簡化行程表

有位朋友告訴我一個故事，是關於一個家庭裡的青少年孩子因焦慮而接受治療的事。他們會在體操和足球訓練之間擠出空檔進行治療，還得在路上吃速食，因為根本沒時間吃晚餐。每一天都塞滿各種活動和事項，這些事若個別來看都是很棒的，但若將它們加起來，就構成一個完全沒有休息時間的行程表，不難看出這個孩子之所以持續焦慮，可能是過於擁擠的行程所引發的。

隨著孩子的行程表變得越來越滿，他們的心理健康也集體走下坡，各個大專院校已經開始注意到這個現象對學生的影響。「美國大學健康協會」（American College Health Association）在二〇一三年針對近十萬名學生所做的一份調查顯示，超過半數以上的學生感到壓力爆表、非常憂愁，而且極度焦慮。用「充實」的課外活動填滿孩子的行程表，儘管立意良好，但實際上是對他們造成反效果。

孩子（其實是所有人）需要空閒時間來平衡他們的活動、認識自己、感受平和的心境。想像孩子完全沉浸在一種假想遊戲裡的樣子，他們完全專注，彷彿周遭的世界都消失了，這是孩子所能做的最重要活動之一，也就是以自己的時間和步調去處理他們的世界與感受，療癒創傷、擴展創造力。若缺乏這樣的機會，孩子會變得容易緊張，比較無法放鬆或入睡。

我們無法教唆這樣的狀態出現，無法去上課來「充實」這樣的創造力，只能留下時間與空間給孩子，讓他們在不受監督（但安全）的情況下自由玩耍，並信任休息時間對孩子的創造力與認同感的演化，是不可或缺的。然而，一個塞滿各種活動的匆忙行程，是容不下這些的，它只會推升壓力。

你可能會擔憂，如果讓孩子擁有自由活動的空閒時間，隨意玩樂，他們可能會感到無聊。你是對的，但是，讓孩子感到無聊是件好事！在《簡單父母經》一書中，作者兼諮商師與治療師金·培恩將無聊歸類為一項「禮物」，形容它是創造力的前導品質。根據我的經驗，我一再發現這個論點完全正確。我女兒還小的時候，我們給他們很多自由發揮的時間去玩耍，從中誕生了大量的小劇場、堡壘、繪畫、玩偶，以及他們為動物布偶精心擴充的世界。

孩子抱怨無聊的時候，我們可以說些什麼呢？我建議使用培恩提供的那句平淡的回應：「手邊一定有什麼事可以做。」不要企圖拯救他們，也不要娛樂他們，他們自然會找到事情做的。

當你所有的朋友都為家中的學齡前兒童報名足球訓練和騰翻體操課時，你可能會擔心自己若是簡化行程表，讓孩子有自由玩樂的時間，孩子會輸在起跑點。請不必擔心，讓孩子擁有不受引導、漫無目的的玩耍時間，對他們的發展絕對是至關重要的。

精神科醫師與研究人員史都華·布朗（Stuart Brown）根據六千多個患者的「玩耍歷史」，發現「玩耍行為」與童年到成年過程中的幸福感，有直接的關聯。玩耍時間被剝奪的孩子，對適當調整情緒有困難，而且呈現出缺乏韌性與好奇心的現象。這些孩子通常個性呆板，具有侵略性。

布朗博士研究德州監獄的謀殺犯之後發現，他們沒有人體驗過正常的打鬧玩耍，一個都沒有。這些充滿暴力、反社會的人，錯過了來自於玩耍的學習過程。自由玩耍能教導孩子在行為上的節制，並幫助孩子發展控制自己的能力，而這是身為人不可或缺的部分。

日趨減少的悠閒時間，對孩子是有害。我們必須對抗它，拿回屬於自己的時間。你是否常常做完一件事之後，又趕忙去做下一件事？你需要幾個步驟來簡化自己的行程表，並保護屬於孩子的時間。在朋友圈裡，你不需要每一場生日派對或活動都答應參加。現今有太多事發生在生活中，以至於我們的工作經常是必須管理並篩選活動，而非尋求活動。最理想的情況是，每天都給孩子一段不受規範的自由時間，讓他們任意玩耍嬉戲、做做白日夢。若你度過了忙碌的一天，就用平靜的一天來平衡一下；你若能簡化孩子的行程表，就是給予他「真正的童年」這個受用一輩子的禮物。

簡化環境

我們的生活是滿載的，不只裝滿了活動，還裝滿了東西。從女性懷孕的那一天起，我們的文化就開始用一份沒完沒了的「必買」清單轟炸她。接著，孩子的房間迅速堆滿玩具，抽屜爆滿，牆壁貼滿海報，衣櫃也塞爆，房間的地板也完全被五顏六色、一層又一層五花八門的「東西」，覆蓋得不見天日。在《簡單父母經》一書中，金・培恩指出，這種產品與玩具氾濫的現象，不但是過剩的徵兆，還是孩子心理壓力大、片段化（fragmentation）與負荷過重的「來源」。他指出，我們的消費文化創造出孩子有應得權利這樣的想法，也創造出對購物的不當依賴，變成以購物來獲得情感上的滿足與維繫，而不是從人的身上。

當眼前有堆積如山的玩具，孩子會覺得難以招架，因為太多選擇了，他們不知道那堆玩具裡有些什麼，也不太會珍惜其中任何一個玩具。面對過多選擇時，孩子學到的是看輕玩具，轉而堅持要求更多的其他東西，此外，整理與清掃也會變成一件不堪負荷的麻煩事。雖然我們都想慷慨付出，想對孩子供應無虞，想刺激他們的想像力，但太常見的結果是，孩子因為擁有太多東西而負荷過大。

我女兒兩歲的時候，我發現越堆越多的東西已經開始讓我們家超載了。我對於丟掉她的東西這件事有點擔心，不過，我還是按部就班地簡化了她的環境。她就讀幼兒園的時候，我曾大刀闊斧地清理了她的房間，將大部分的玩具收走，留下一個寬敞舒適的空間。她回家的時候，我對她會做何反應感到很緊張，心想著：「她會不會抓狂，大鬧脾氣，要回她的東西？」令我驚訝的是，她看到房間非常開心，還謝謝我幫她整理得這麼漂亮，然後就立刻開始玩了起來。

孩子在東西較少的房間裡，會感到更放鬆、更專注，這對他們的感官有安撫效果，甚至有助於平息行為上的問題。簡化意味著減少雜亂物品，創造更多呼吸的空間。孩子也會更珍惜擁有的東西。少一點東西也代表減輕責任帶來的負擔，我們可以不必花那麼多時間在照顧、保養、找東西或儲藏上。事實上，減少物品意味著更加輕鬆自在，以及擁有更多時間投入真正重要的事。

如何簡化呢？我建議從玩具開始。挑一個孩子不在家的時間，將所有玩具集合起來，再大刀闊斧地減少玩具數量。有些你可以丟棄，有些可以先收著，再輪流拿出來玩。不過，整理時要小心！你可以試試先將東西放在地下室或儲藏空間裡幾個星期，那樣你就可以找回他們喜愛的特定玩具。金．培恩建議，屬於丟棄類的玩具清單包括：

- 已毀損的玩具。
- 不適合孩子發展的玩具，例如對孩子來說適用年齡太大或太小。
- 電影角色玩具。
- 「做太多」與容易毀損的玩具。
- 高度刺激性的玩具。
- 惹人厭或有冒犯性的玩具。
- 你被迫購買的玩具。
- 重複的玩具。

最後會剩下哪些玩具呢？保留那些鼓勵你投入假想遊戲、發揮創造力的玩具，例如真正的工具、人偶與玩偶、樂器等。我還記得，自己曾覺得那些追求天然有機的媽媽們將披肩拿給孩子玩，肯定是瘋了，但是後來證明它們是很棒的玩具！披肩可以讓你做各式各樣的打扮，還可以當成結構支撐、劇場簾幕等等。

保留那些讓孩子能投射各種不同想像的東西，只將孩子能在五分鐘之內收好的東西放在外面，並以賞心悅目的方式擺放好。此外，物品也要輪流收藏好，輪流拿出來使用，這樣能讓東西感覺像是新的。

簡化玩具的數量之後，你便可以開始將眼光放在孩子的生活和家庭的其他領域了。你可以為孩子抽屜裡的衣服減量，縮短早上整裝的時間，你也可以為家中其他過多的物品減量，營造更輕鬆、更自由的環境。記住，我們一直在做孩子的榜樣。減少東西表示要照顧的東西變少了，而且擁有更多時間專注在重要的事情上。

簡化 3C 產品

我們的孩子成長在一個不同於我們成長時代的世界。現在，無論我們走到哪裡，只要透過一個入口就能獲取各式各樣的資訊和娛樂，讓我們不知不覺花錢如流水。各種 3C 產品讓我們深深著迷且無法抗拒，對孩子來說也是一樣的情況，因此，如果父母想讓孩子的成長過程能真正立足於現實，理應對使用 3C 產品的時間有所設限。

我邀請你從中道的立場來思考孩子使用 3C 產品的議題。無限制地使用或完全禁止這兩種極端，都無法教導孩子在這個 3C 產品無處不在的世界裡保有正念過生活。數位科技為創造力、解決問題和學習方面，帶來了許多的機會，當我女兒學會如何為一個遊戲寫程式時興奮得不得了，而我也很高興能見證這件事。

然而，數位世界也包含了一些過度性化（oversexualized）與暴力的內容，而且花在那些3C產品的時間，也剝奪了與真實世界互動的時間。美國兒科學會（American College of Pediatricians）警告，過度使用3C產品會導致嚴重肥胖、睡眠問題、憂鬱及焦慮。顯然，數位科技對我們的生活有著巨大的影響力，因此重點是如何設下一個健康的使用限制。

請檢視自己與科技的關係。你喜歡看電視或玩線上遊戲嗎？你是否喜歡不斷查看手機？你會在開車時講電話嗎？你是否對自己的3C產品使用時間有所設限？孩子看著我們如何過生活並從中學習。當你問自己，「怎麼做對孩子才是健康的？」請先看看自己在科技的使用上能做出什麼樣的改變，將自己視為孩子的媒體模範，教導他如何與數位科技共處，過一個平衡的生活。

什麼樣的限制對孩子有好處呢？當孩子還是嬰兒時，最理想的狀況是不要接近所有的3C產品。等到孩子兩歲之後，便可以開始讓他接觸一些內容，再更大之後，可以跟孩子談談你對3C產品使用時間的感覺，你可以使用雙贏的問題解決策略，來設下有益健康的限制。在孩子的童年階段，可以將3C產品使用時間視為一場進化中的對話，一種讓你可以帶著正念與好奇心去運用的東西。

◎ 3C產品使用時間的小訣竅

- 在裝置上設定密碼保護，讓孩子需要先問過你才能解鎖。
- 在裝置上設定「家長監控」，以過濾並阻擋暴力與色情的內容。

- 定下 3C 產品使用時間的規範與限制。
- 將所有 3C 產品放在家裡的「公共」空間，在公共空間裡為手機充電。
- 不要在孩子睡前三十分鐘到一小時的時間內，給予 3C 產品使用時間。螢幕亮光會干擾孩子的睡眠。
- 盡量避免在排隊等候或開車時將手機交給孩子。
- 每週設定一個「數位解毒日」（或半日）。我們家有「無 3C 產品週日」。
- 諸如家事或功課等責任，必須在 3C 產品使用時間開始前完成。
- 吃晚餐時，沒有人可以玩手機。
- 堅持在 3C 產品使用時間開始前，到戶外呼吸一些新鮮空氣並做運動。
- 延後給孩子智慧手機的時間，可以考慮簽署「等到八年級」（Wait Until Eighth）誓約（譯註：由美國人布魯克．雪娜〔Brooke Shannon〕發起的運動，希望聯合社區家長，等到孩子十四歲時再給他們使用智慧型手機），強化父母抵抗提早給孩子智慧型手機的壓力。

孩子可以玩玩具、畫圖、讀書，或幫忙做家事，來取代 3C 產品的使用。為孩子設計的有聲書和播客，也是取代 3C 產品時間很好的選擇。此外，要記住，孩子有時候會覺得無聊，這沒關係（甚至是件好事）。然而，你必須以身作則。我過去會將手機放在房間裡充當鬧鐘，這件事後來被我女兒發現，因為我們不該將電子產品放在房間裡。因此，我把它拿到樓下，然後買了一個鬧鐘。父母必須以身作則，為孩子示範這種媒體的使用方式。透過健康的規範與限制，父母能為孩子示範如何與數位科技保持一個平衡的關係。

居家環境也能發揮重要的影響力，能影響你保持理智、巧妙地與孩子溝通的能力。與其被雜亂的環境和忙碌的生活搞得壓力重重，你可以做的是選擇過一個步調更慢、更簡單的生活。若能減輕壓力、減少分心，那麼當你要練習靜心，並將正念與疼惜融入其餘的生活中，就會變得容易許多，也會更容易記得要與孩子建立愛的連結。

轉向一個更具正念的生活

若要將你的親子關係轉變為一個彼此合作的關係，並非依賴單一一件事就能辦到。你要做的是將在本書學到的各種工具與練習，當成幫助你慢慢轉向的指南。要改變一件事，並非只是單純取決於你有多冷靜、說了什麼話，或是你的生活相對有多雜亂，而是所有事情確實都有其影響力。這一切都從你可以控制的唯一一件事開始：你。

將教養遇到的挫折視為老師，是一種可行的方法；讓自己犯過的錯誤和失策，成為激勵你的力量。回想自己過去身為年輕父母時的種種掙扎，那些沮喪不已、跌坐在地板上哭泣、承認自己失敗的時光，對比現在，我已經建立起一個正面、慈愛的、真正人對人（不完美）的親子關係了，但我不會想要改變當初的任何事。這一路走來所遭遇的挑戰，為我顯示出自己需要學習的東西。那些挑戰是一種激勵，讓我獲得了自己在本書與你分享的、徹底翻轉家庭生活的各種實用技巧。

當你沿著這條路走下去，請記得，沒有所謂的「完美」這回事。接受並準備好面對「每個人難免會有過失」的事實，能幫助我們認出自己與孩子彼此共通的人性。當你忍不住大聲吼叫時，別太苛責自己了，我到現在偶爾還是會吼叫！我們可以做的是，將它視為一個練習「重新開始」的機會，一個為孩子示範事情搞砸時該怎麼做的機會。走在這條路上時，要以是否「進步」，而非「完美」的方向來思考。

我在自己的「正念媽媽」（Mindful Mama）播客裡，面對了一群專家，並詢問每個人同樣的問題：「孩子需要的是什麼？」**其中最重要的答案就是「無條件之愛」，無論孩子開心順利或遭遇困難都一樣愛他們。**如果孩子能在成長過程中，了解何謂無條件之愛，便能為將來成年的健康情緒生活，創造一個絕佳的基礎，一個讓他們能擁有強大根基去面對一切人生挑戰的基礎。那麼，**我們該如何給予無條件之愛呢？首先必須從「愛自己」與「接受自己」做起，透過固定的靜心與慈心練習來訓練自己，可以幫助你達成目標。請堅持下去。**

記住，我們的舊習慣對我們來說是既熟悉又頑強的，我們需要勤勉地練習，才能將正念帶進生活中，並學習以同理心和巧妙的方式來回應孩子。這可能需要一點時間，但是，別放棄！要持續不懈地學習並練習這個新的語言。隨著孩子漸漸成長，你的教養會變得越來越輕鬆（同理，如果其他父母繼續沿用舊模式，就會變得越來越艱難）。

要想建立一個持續一輩子的親密關係，意味著要將眼光放遠。

你在教養孩子成為好人的過程中所付出的努力，其能發揮的正面影響，並非僅限於你自己的家庭，更擴及了你的社群和未來世代。這些在成長過程中能夠覺得被看見、被聽見並且被愛的孩子，將會是強大的良善力量。這些知道如何以符合每個人之需求的方式解決問題的孩子，對人類互動方式的進化是一大助力。你的努力將會產生漣漪般的效應，但是在所有這一切底下，最重要的是你將會擁有一份持續一生、充滿愛的關係。你的努力，對至親之人有極重要的影響力，那個人就是你的孩子。

本週要做的練習

- 靜坐或身體掃描靜心，五到十分鐘。
- 慈心練習。
- 特別時段。
- 建立日常的規律作息。
- 簡化居家的一處空間。

CARE
01

CARE
01

CARE

01

CARE
01